世界哲學家叢書

榮　　格

劉　耀　中　著

1995

東大圖書公司印行

國立中央圖書館出版品預行編目資料

榮格／劉耀中著.--初版.--臺北市：
東大發行：三民總經銷，民84
　面：　　公分.--（世界哲學家叢書）
參考書目：面
含索引
ISBN 957-19-1780-X（精裝）
ISBN 957-19-1781-8（平裝）

1.榮格（Jung, C. G.（Carl Cu-
　stav），1875-1961)-學術思想-
　哲學

149.64　　　　　　　　　84006836

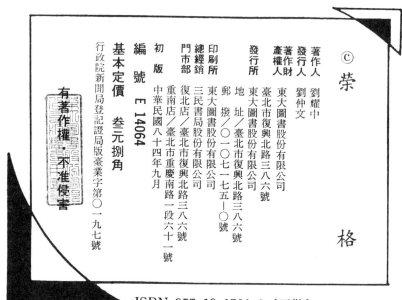

© 榮　　　格

著　作　人　劉耀中
發　行　人　劉仲文
產權財著作　東大圖書股份有限公司
發　行　所　東大圖書股份有限公司
　　　　　　地址／臺北市復興北路三八六號
　　　　　　郵撥／○一○七一七五──○號
印　刷　所　東大圖書股份有限公司
總　經　銷　三民書局股份有限公司
門　市　部　復北店／臺北市復興北路三八六號
　　　　　　重南店／臺北市重慶南路一段六十一號
初　　　版　中華民國八十四年九月
編　　　號　E 14064
基 本 定 價　叁元捌角
行政院新聞局登記證局版臺業字第○一九七號

ISBN 957-19-1781-8（平裝）

「世界哲學家叢書」總序

　　本叢書的出版計畫原先出於三民書局董事長劉振強先生多年來的構想，曾先向政通提出，並希望我們兩人共同負責主編工作。一九八四年二月底，偉勳應邀訪問香港中文大學哲學系，三月中旬順道來臺，即與政通拜訪劉先生，在三民書局二樓辦公室商談有關叢書出版的初步計畫。我們十分贊同劉先生的構想，認為此套叢書（預計百冊以上）如能順利完成，當是學術文化出版事業的一大創舉與突破，也就當場答應劉先生的誠懇邀請，共同擔任叢書主編。兩人私下也為叢書的計畫討論多次，擬定了「撰稿細則」，以求各書可循的統一規格，尤其在內容上特別要求各書必須包括(1)原哲學思想家的生平；(2)時代背景與社會環境；(3)思想傳承與改造；(4)思想特徵及其獨創性；(5)歷史地位；(6)對後世的影響（包括歷代對他的評價），以及(7)思想的現代意義。

　　作為叢書主編，我們都了解到，以目前極有限的財源、人力與時間，要去完成多達三、四百冊的大規模而齊全的叢書，根本是不可能的事。光就人力一點來說，少數教授學者由於個人的某些困難（如筆債太多之類），不克參加；因此我們曾對較有餘力的簽約作者，暗示過繼續邀請他們多撰一兩本書的可能性。遺憾

的是，此刻在政治上整個中國仍然處於「一分為二」的艱苦狀態，加上馬列教條的種種限制，我們不可能邀請大陸學者參與撰寫工作。不過到目前為止，我們已經獲得八十位以上海內外的學者精英全力支持，包括臺灣、香港、新加坡、澳洲、美國、西德與加拿大七個地區；難得的是，更包括了日本與大韓民國好多位名流學者加入叢書作者的陣容，增加不少叢書的國際光彩。韓國的國際退溪學會也在定期月刊《退溪學界消息》鄭重推薦叢書兩次，我們藉此機會表示謝意。

原則上，本叢書應該包括古今中外所有著名的哲學思想家，但是除了財源問題之外也有人才不足的實際困難。就西方哲學來說，一大半作者的專長與興趣都集中在現代哲學部門，反映著我們在近代哲學的專門人才不太充足。再就東方哲學而言，印度哲學部門很難找到適當的專家與作者；至於貫穿整個亞洲思想文化的佛教部門，在中、韓兩國的佛教思想家方面雖有十位左右的作者參加，日本佛教與印度佛教方面卻仍近乎空白。人才與作者最多的是在儒家思想家這個部門，包括中、韓、日三國的儒學發展在內，最能令人滿意。總之，我們尋找叢書作者所遭遇到的這些困難，對於我們有一學術研究的重要啟示（或不如說是警號）：我們在印度思想、日本佛教以及西方哲學方面至今仍無高度的研究成果，我們必須早日設法彌補這些方面的人才缺失，以便提高我們的學術水平。相比之下，鄰邦日本一百多年來已造就了東西方哲學幾乎每一部門的專家學者，足資借鏡，有待我們迎頭趕上。

以儒、道、佛三家為主的中國哲學，可以說是傳統中國思想與文化的本有根基，有待我們經過一番批判的繼承與創造的發

展，重新提高它在世界哲學應有的地位。為了解決此一時代課題，我們實有必要重新比較中國哲學與（包括西方與日、韓、印等東方國家在內的）外國哲學的優劣長短，從中設法開闢一條合乎未來中國所需求的哲學理路。我們衷心盼望，本叢書將有助於讀者對此時代課題的深切關注與反思，且有助於中外哲學之間更進一步的交流與會通。

最後，我們應該強調，中國目前雖仍處於「一分為二」的政治局面，但是海峽兩岸的每一知識分子都應具有「文化中國」的共識共認，為了祖國傳統思想與文化的繼往開來承擔一分責任，這也是我們主編「世界哲學家叢書」的一大旨趣。

傅偉勳　韋政通

一九八六年五月四日

柳　序

　　本書是美籍華裔學者劉耀中先生在臺灣出版的第一部著作。此前，已有《榮格、弗洛伊德與藝術》、《新時代的視野》和《詩人與哲人》三部書在大陸相繼問世。

　　劉耀中（1934-）是旅美華裔學者、作家、詩評家、水源工程師。用本名寫作，祖籍廣東中山縣人。1934年10月24日出生在一個華僑家庭，父親是去美國謀生的第一代老華僑。出於對種族純潔和民族傳統的重視，父親雖生於美國，卻在廣東省中山縣娶妻生子，並把兒子留在家中，接受中華傳統文化的教育。劉耀中在抗日戰火中長大，母親因愛國的情緒，不使他接受日偽奴化教育，把劉耀中從縣立小學轉到中山縣的石岐鎮私塾讀書。劉耀中自幼讀了七、八年的四書五經。1947年父親從美國回鄉探親，不幸回鄉後不久即去世。1950年時剛十五歲的劉耀中就離鄉背井去美國求生，到美後因父親原來經營的柑桔種植園已被他人接管，只得靠每小時五毛錢的打工來維持半工半讀的生活。1954年畢業於洛杉磯市立手藝高中（相當於中國的高一年級）。為了要維持他的生活費和學費，下午在機器廠工作，周末則在中國人的飯館打工，1958年畢業於美國私立南加里福尼亞大學土木工程系。畢業後進加州水源局服務，先從初級工程師當起，晉升為助理工程師、副工程師。1961年考得工程師執照，1974年通過高級工程師筆試，但終以「口試不合格」或「語言能力較差」

屢屢受阻不能晉升高工，鑒於種族歧視的原因，劉耀中聘律師申訴，美國《國際日報》曾載文主持公道。事實上劉耀中從1958-1979年曾多次參與多項工程計畫，稱職地完成自己的任務。曾多次陸續在英美科技雜誌發表一些專業論文，頗受學術界關注。1990年和1993年兩次榮獲水源局優秀服務獎狀。

為弘揚中華文化，劉耀中曾於美國多所大學夜校部進修中英文，自學成才，自1983年起業餘撰寫各種哲學、歷史、文學、藝術，特別是詩論詩評文章（中英文都有），先後發表百餘篇，不下於八十萬字。開始以業餘文化評論家和學者的面貌被學術界認同與關注，先後在香港《法言》、臺灣《當代》、《聯合文學》、《中華文藝》、香港的《中報月刊》、《明報月刊》、《廣角鏡》、《春秋》、洛杉磯《中華時報》、《當代文藝》、《論壇報》、《新大陸詩刊》、大陸的《讀書》月刊、《文藝報》、《蔦都報》、《氣功與科學》、《大潮文叢》等報刊雜誌發表論文。表現了一個西方中國學者獨到的見解。

為了傳統文化和懷戀祖國，劉耀中曾不止一次回中國探親、觀光、旅遊和積累寫作生活，特別受邀先後在北京大學、南京師範大學、清華大學講學和交流，受到有關方面的歡迎和重視。1987年劉耀中專程拜訪了名詩人艾青，在艾青家宅訪問，攝影留念。1989年4月北京文寶堂書店出版了劉耀中的論文集《榮格、弗洛伊德與藝術》，書中主要重點是把弗洛伊德學說特別是他的門生榮格對西方文化的批判精神介紹給中國。有關詩人的評論就有龐德、艾略特、葉芝、三島由紀夫等人。劉耀中認識到高水準的物質生活彌補不了精神的空虛，為了提高自己的素養，他廣泛閱讀與研究了大量哲學、文學、歷史、宗教、心理學乃至語言方

面的著作。他收藏幾千張（古典音樂和其他）唱片和六千多冊書籍，寫出大量的論文，尤其在中國北京的《讀書》雜誌上連續發表關於美國僧侶詩人托馬斯、默頓、卡贊扎基、羅賓遜・傑佛斯等作家詩人的論述後，引起很大反響，中國學者紛紛發表介紹和評論劉耀中的文章：〈從歧視中崛起的學者〉（柳萌作，發表於《八小時之外》1986年第六期）、〈靈魂的歸宿──為劉耀中近著而寫〉（葉秀山作，發表於《讀書》1988年第六期）、〈弘揚傳統文化〉（吳懷連作，發表於《讀書》1991年第一期）、〈把在西方找來的財產帶回國家〉（吳立昌作，發表於上海《文學報》1990年第四九三期）。

1993年3月中國文聯出版公司出版劉耀中的第二本著作《新時代的視野──一位美籍華人談西方文化評論》，其中有關評論詩人和他們作品的就有：華萊士、史蒂文斯、羅賓遜・傑佛斯、威廉・卡洛斯・威廉斯、卡明斯、狄奧多爾・雷斯凱……等人加上哲學家與作家，宗教和文化評論洋洋可觀。總共20萬字。評該書的文章有：〈一位美籍華人的獨特成就〉（劉綱紀作，發表於《中國圖書評論》1994年第二期）和〈太平洋彼岸的文化傳真與中國心──「新時代的視野」──一位美籍華人談西方文化評論〉（上海社會科學研究院教授羅義俊作，發表於洛杉磯《中華時報》1994年3月26日連載）。

最近，1993年12月，北京東方出版公司出版劉耀中的第三部著作《詩人與哲人》，其中有關詩人與哲人和他們的作品的另有：葉芝、弗羅斯特、克萊恩、格雷夫斯、洛厄爾、徐志摩、卡夫卡、里爾克、沃爾科特、胡塞爾、維根斯坦、尼采、弗洛伊德與榮格等人。總共17萬字。劉先生很重視榮格的心理學，他認

為榮格心理學超越了弗洛伊德的泛性論，蘊含著深廣的歷史文化內涵，對文藝創作和評論產生了巨大的影響，劉先生寫的〈中國文化與榮格〉一文，對此作了相當出色的介紹，該文被收入周陽山和傅偉勳主編的《西方思想家論中國》（臺灣正中書局1993年）。

1994年8月，劉先生陪同托馬斯‧科施醫生 Dr. Thomas Kirsch（國際分析心理學協會會長）和莫雷‧斯坦恩博士 Dr. Murray Stein（國際分析心理學協會名譽祕書長）訪問中國和講學於華南師大、北京中日友好醫院、和同仁醫院，及參加了中國心理衛生協會會議。由於劉先生的努力和協助，榮格的學術和分析心理學首次大規模地和中國學者會面。劉先生是海外華裔學者群中榮格的主要研究者，榮格的心理分析法也是劉先生的評論常用的方法。也許由於劉耀中在西方的生活體驗和心靈感受的緣故，而對榮格情有獨鍾。劉先生說，本書只是「拋磚引玉」，希望讀者能從中得到啟發，為研究榮格與分析心理學作出更大的貢獻。

上海詩人　**柳易冰**

1994年8月

自　　序

　　我是一個華僑，現與妻兒居於美國洛杉磯。一九三四年生於廣東中山縣。幼年在故鄉受教育時，正值日本侵華時期。我的母親不願我受敵偽的奴化教育，把我從縣立小學轉到私塾讀四書五經。一九五〇年，我來到美國定居。先進洛杉磯中學，一九五四年讀大學，一九五八年畢業於南加土木工程專業。我目前已在加州政府工作了三十七年，曾主持加州水利工程計畫，包括隧道、下水道，和水管、水壩等工程。現主持水源資料室的工作。我曾著有多篇有關工程科技的論文，均在西方專業雜誌發表。為了進一步提高自己的英文程度，我曾以進修的方式，利用公餘時間就讀於南加、加大和東方大學，並拜名教授黃文山為師，常到他家裡研究《周易》和他的文化學體系。興趣逐漸轉向文學、哲學、心理學，直至神學的方面。

　　我像許多無宗教信仰的中國人一樣，是一個不信上帝的人。但自十五歲開始所接觸的都是美國人， 天天聽到皆是傳教士的話，如上帝、魔鬼、聖子、聖靈等，深感精神不能溝通的苦悶和枯燥，以及一個海外遊子在人生旅途上掙扎的艱辛和飽受的種族歧視。所幸我自幼愛好文學，讀書成了我最大的嗜好。年輕時深受浪漫主義的影響。 這四十幾年， 我熟讀並研究了有關西方哲學、文學、神學、心理學之類的書籍。美國科學的經驗實用主義以及達爾文主義，使我對人對事冷靜了很多，可以說感情成熟了

吧。工作之餘，涉獵臥遊寰宇，跟西方作家神交，另有一種意境，自非不愛讀書者所能體會的。

　　近年來，華僑對西方文學的興趣越來越大，我在中文雜誌和報紙上看到不少有關這方面的介紹和評述文章，但不少評文和評論實在內中有的錯誤很多，僅是從形式上去解釋作品，因而造成讀者不能真正地去認識一些西方近代作家作品的深刻涵義和內容。所以我開始將學到的知識用文藝評論方法寫出來。我的第一篇作品是關於法國的存在主義大師卡繆的論述文章，登在臺灣《中華文藝》170期，中華民國七十四年四月出版，題為〈卡繆的本色〉。現我已先後在臺灣、香港、大陸及美國發表了一百餘多篇文章及在北京出版了三部著作，在文章中我採用了西方哲學和現代心理學並加上了中國人的眼光來評西方的知識分子和代表作品。我在一九八七年蒙高覺敷老教授之請到南京師範大學講學，高教授那時已九十多歲，人稱他為中國現代心理學之父，他曾和弗洛伊德通過信並曾翻譯了《夢的解析》，他給了我難忘的鼓勵。因此榮格和弗洛伊德的心理學成為我的論文作品的核心，我希望我在介紹榮格（目前弗洛伊德的學說在中國文壇上已不是陌生的理論了）的努力能達到拋磚引玉的結果，使我們對西方心理學及分析心理學有一較為正確的結論和認識。

劉　耀　中
一九九五年二月

榮 格 目 次

十、晚年(1946-1961)

十一、榮格心理學的理論特徵

十二、榮格心理學的學術地位與評價

一、童年與學生時代(1875-1900)

　　瑞士，美麗的多山之國，歐洲巍峨的屋脊。阿爾卑斯山脈雄踞中部和東南，占據了百分之六十的國土，山高海拔三、四千米，峰頂終年積雪。西北部是較低的侏羅山脈，兩山之間是多石的高原。同時，瑞士又是一個美麗的多水之國，河流縱橫如織，湖泊多如繁星，僅僅四萬多平方公里的國土上，竟有湖泊一千四百多處。峰巒疊翠，飛流如瀑，水光山色，交相輝映。無數迷人的景觀，多少休假的勝地，使瑞士成爲世界著名的旅遊中心。

　　中國有句話說:「仁者樂山，智者樂水。」山指向藍天，指向太陽，是光明、陽性和確定性的象徵，是意識和理性的象徵;水下潛到大地的深處，是黑暗、陰性和神祕性的象徵，是無意識和非理性的象徵。據此推想，多山多水之邦，必是臥虎藏龍之地。

　　沿北部邊界的萊茵河畔，有一片平坦的土地。萊茵河水向西流入康斯坦斯湖(Lake Constance)，流經巴塞爾城(Basel)，然後北上，成爲德法兩國的分界。天朗氣清時分，從巴塞爾縱目遙望，遮不住的青山隱隱之處，就是阿爾卑斯山了。

　　康斯坦斯湖畔有一個小村名叫凱斯維爾（Kesswil），那裡就是瑞士著名心理學家卡爾‧古斯塔夫‧榮格（Carl Gustav

Jung, 1875. 7. 26-1961. 6. 6) 的出生地。榮格剛剛六個月時，
全家沿萊茵河搬到弗爾斯，他四歲時又舉家遷至巴塞爾近郊，萊
茵河畔的克萊恩─許寧根 (Klein-Hüningen)，因此榮格本人
不會記得自己出生的小村莊了。但是，許多年以後，在凱斯維爾
村主教住宅的墻上，鑲嵌了一塊石碑，遊人們可以在上面看到這
樣的字句：

> 在這間房子裡誕生了卡爾‧古斯塔夫‧榮格，他生於1875
> 年7月26日，卒於1961年6月6日，是人類靈魂及其深處
> 奧祕的探索者。

(一)家族傳統和人文環境

巴塞爾是一座古老的城市。大教堂的兩座尖塔高高聳立。一
些學者把這兩座高塔視爲榮格家族傳統的象徵：其中一座代表科
學和醫學，另一座代表神學和宗教。

榮格家族原居德國。但較早的榮格家譜毀於戰亂，已不可考
了。據說十七世紀初，美因茨的卡爾‧榮格醫生是榮格的直系祖
先。現存的家譜中，第一位成員是十八世紀初的西格曼德‧榮
格，卽榮格祖父的祖父。

榮格與祖父同名。祖父卡爾‧古斯塔夫‧榮格生於曼海姆，
其父是一位著名的醫生。祖父年輕時在海德堡學習自然科學和醫
學，有時課餘散步，像別人帶著小狗那樣帶著一隻小豬。他學習
成績優異，完成學業後到柏林工作，旣當醫助，又任講師，還在

文化界廣交朋友，並在《德意志歌曲集》上發表詩篇。

1819年3月，神學院學生森德殺死了一個學生們很反感的政治家，這一事件改變了老榮格的生活軌跡。政府逮捕了許多學生，因他是森德的朋友，森德送給他的一把礦物學用的錘子被當作「斧子」寫入了正式文件，於是他遭到逮捕。他被關押了一年之久，獲釋後不得不背井離鄉，去巴黎謀職。

在巴黎，他遇到德國偉大的自然科學家亞歷山大·馮·洪堡(Alexander von Humboldt)。1822年，洪堡為他在瑞士巴塞爾大學謀得一席外科學教授的職位，於是他來到了瑞士，在巴塞爾工作並定居了。

作為著名的學者和醫生，他為十九世紀巴塞爾醫學高等教育的改革和提高作出了貢獻，受到巴塞爾市民的尊敬。特別值得注意的是，他最早提出建立一所「美好希望學院」，為精神受到困擾的兒童治病，他寫道：「我所想的並不是普通類型的精神病院，……我想到的是一種醫院，它將接受各種各樣的患者，並努力用精神方法治療他們。」對此，榮格學者和榮格傳記作者芭芭拉·漢娜(Barbara Hannah)說：「這段話顯示出令人驚異的心理學見識。人們不由得想起，這位卡爾·古斯塔夫死於1865年，也就是說，在雅內(Pierre Janet)和弗洛伊德(S. Freud)等先驅者之前很久，他就已在籠罩於十九世紀精神病學領域的黑暗和愚昧中，燃起了一盞明燈。」❶

這位祖父，成為與他同名的孫兒榮格的楷模。榮格回憶起自己的祖父時，曾經說過：「他具有驚人的強烈個性。他是一位偉大的組織者，富於首創精神，才華橫溢，措辭詼諧，妙語驚人，

---

❶ 芭芭拉·漢娜，《榮格的生活與工作》，頁20。

我自己還是在步他的後塵。在巴塞爾，人們總是可以聽到這樣的話：『榮格教授嗎？他可是個偉人。』」❷

　　榮格的父親約翰・保羅・阿希勒斯・榮格（Johann Paul Achilles Jung, 1842-1896）是一位嚴肅的牧師，有神學博士學位。

　　榮格的母親埃米莉・普里斯維克・榮格（Emilie Preiswerk Jung, 1848-1923）是一個外向的人，她熱情好客，風趣幽默，擅長烹調。她的父輩和兄弟都任神職。她的父親，卽榮格的外祖父，塞繆爾・普里斯維克（Samuel Preiswerk, 1799-1871）是巴塞爾大教堂的主教，據說他有「第二視覺」，並能與死人交談。榮格這樣說到他的外祖父：「他仍然相信，希伯萊語是天堂裡的語言，因此他以極大的熱情，獻身於希伯萊語的研究，他不僅知識淵博，而且富有詩人的才氣。然而他又是一個相當乖僻而古怪的人，他總是相信自己被妖魔包圍著。我母親經常對我說，外祖父寫經文時，她不得不坐在他的後邊，因爲他不能容忍在他思考問題時有妖魔從他後邊經過，後邊坐著個活人，就能把妖魔嚇跑了。」

　　榮格的七位舅父叔父也都是牧師，他們都希望榮格長大成人之後能以神學爲職業。因此，他的童年籠罩著濃重的宗教氣氛，並使他很早就發現了宗教的矛盾。

　　科學和醫學，神學和宗教，這來自祖先的兩大傳統，以一種相互衝突又相互融合的形式存在於榮格的心中，影響著他對人生道路的選擇。

---

❷ 榮格，《回憶、夢幻與思考》，由於引用較多，以下凡引此書之處不再加注。

巴塞爾是一座古老的城市,有很多文物古蹟,有深厚的文化傳統,也曾有過許多著名的人文學者活躍在巴塞爾大學的講壇,例如瑞士藝術和文化史家布爾克哈特(Jacob Burckhardt, 1818-1897)就出生於巴塞爾,而且也是牧師之子。他在巴塞爾大學獲得哲學博士學位,又曾在這所大學教授藝術史;瑞士人類學家和法學家巴霍芬(Johann Jakob Bachofen, 1815-1887)曾任巴塞爾大學教授和巴塞爾法官;還有德國哲學家尼采(Friedrich Nietzsche, 1844-1900),也是牧師之子,在二十五歲到三十五歲時任巴塞爾大學古典語言學教授,在此期間寫了他的反理性主義的名著《悲劇的誕生》。榮格幼年時,曾見到布爾克哈特和巴霍芬,他們正在教堂廣場巴霍芬家的階前交談。他崇敬他們,心情非常激動,這感人的一幕深深印在他的記憶裡,直到晚年他仍然懷念著這兩位先賢。

巴塞爾培育了他深刻的歷史感。他說:

> 我是在上世紀末巴塞爾濃厚的歷史氛圍中長大的,而在閱讀了一些古老的哲學著作之後,對心理學獲得了一種特定的認識。當我就夢或無意識的某些內容進行思考的時候,我從來沒有不借助於歷史的比較的。

(二)童 年

榮格幼時常常向父親提出許多問題,但父親卻很少回答,有時還責備他:「你想得太多了。」父親似乎恪守著「不該思想,

只應信仰」的教義，不過他倒並不勉強兒子走父兄同樣的路。

榮格有時去參加父親爲萊茵河瀑布那裡的溺死者舉行的葬禮，在母親教給他的禱詞中，主耶穌保護孩子們免受魔鬼撒旦的侵害，他展開雙翅，把雛鳥抱在懷裡。可是在葬禮上，耶穌召喚某人，就是把他裝進一個大木箱，在人們的痛哭聲中，大木箱被埋進泥地上事先挖好的深坑裡。小榮格心想，還是不要被耶穌抱住爲妙。

母親常常給榮格讀一本介紹異國宗教的兒童讀物，這本老式的書名爲《宇宙的形象》，其間有許多插圖，描繪了諸如印度教的婆羅吸摩、毗濕奴和濕婆等東方諸神的形象。這本書非常吸引榮格，他往往要求重看那些美麗的圖畫。

從四歲起，榮格就在父親的親自教授下學習拉丁文。他六歲時就能閱讀拉丁文書籍了。父親又有一個藏書室，爲他潛心讀書提供了良好的條件。未知的事物充滿了神祕和誘惑，激起他濃厚的興趣和尋求解答的強烈願望。可是，沒有人傾聽他，更沒有人與他產生共鳴。

榮格的童年是孤獨的。他曾有兩個哥哥，但死於他出生之前；他的父母關係不睦，母親曾離家出走。那時，就只有父親抱著他，爲他唱歌。他九歲時才有了一個小妹妹。

他常常獨自玩耍。搭積木、建造城堡、自己設計出各種模仿宗教儀式的遊戲。他把一個木製小偶像藏在閣樓上，常常獨自一人去同它爲伴，好像從它那兒能獲得安全。父親的牧師住宅四周是一片牧場，那裡就是他遊戲和退想的地方。

不到四歲的時候，他作了一個夢：

夢中，我正站在這個牧場上面。我突然發現那裡有一個幽暗的深坑，方形，砌築在地表以下，過去我從未見到過它。出於好奇，我走近前去並向坑底張望。我看見有一個石砌臺階通往深處。我猶豫不決，心裡很害怕，但到底還是順臺階下去了。那下面有一扇半圓拱腹的門，由一幅帷簾遮掩著。帷簾顯得大而厚重，由一種織物作成，上面編結著小鹿子的圖案。我注意到了這幅帷簾很貴重，好奇地想要知道那後面藏著什麼。我掀開門簾，看見一個方形的空間，大概有十步長，沐浴著一股昏黃的微光，拱形的天頂是石砌的，地面上鋪著石板，一塊紅地毯在中間從進門處一直鋪到一個低矮的臺前，臺上是一把黃金寶座，做工精美絕倫。我不敢肯定，寶座上也許還放著一個猩紅色的座墊。這是個王位，真正的帝王寶座，就像故事裡講的，富麗堂皇。寶座上立著一樣東西，像巨人一般高大，幾乎碰著天花板了，起先我聯想到一根大樹幹，高四、五米，直徑約五、六十公分，這東西的質地十分奇怪，是用活的皮肉做成的，在它的上部，有一個圓錐形的頭，沒有臉，沒有頭髮，頭頂上的一隻獨眼一動不動地凝視著高處。這間墓室光線還算清晰，雖然裡面既沒有窗也沒有燈，可是頭頂上閃亮著某種光，那大東西一動也不動，可是我覺得每時每刻它都會像一首詩裡所說的，從它的寶座上走下來，向我撲來。我像是被不安和恐懼所麻痺，就在這難以忍受的瞬間，我突然聽見母親的聲音，像是從外面，從高處傳來，她喊道：「這就是它，就是吃人的惡魔！」我又感到一陣強烈的恐怖，渾身汗水淋漓，一下子驚醒了，從

這天起接連好幾個晚上我都不敢入睡，我疑心後來還作過一次類似的夢。

後來，在研究原始民族文化時，榮格才明白了那個大東西是男性生殖器像。那是古埃及神俄西里斯（Osiris）的生殖器，那隻眼睛則是俄西里斯的兒子荷洛斯的眼睛（eye of Horus）。奇怪的是，古代人的崇拜偶像何以會出現在一個小男孩的夢中？

榮格後來分析過很多成年人所記得的童年的夢，他認為記憶中最早的夢往往能夠預示人的命運。早在他的幼年時代，他就夢見了一個地下之神、一個創造力的象徵、一個不斷催促著他「在純粹自在的黑暗裡燃起一盞明燈」的「惡魔」，這個好像隨時要撲過來的「惡魔」伴隨了他的一生。他在晚年時說：

> 我心中有一個惡魔，最終表明它是確實存在的。它征服了我，如果我有時冷酷無情，那是因為我處於這些惡魔的控制之下。我永遠不能在取得的成績面前停下來，我不得不趕緊追上我的想像力，……我不得不服從一個內在的法律，它強加在我身上，而且不留給我自由選擇的餘地。

榮格喜歡水。康斯坦斯湖的景色給他留下了深刻的印象，他小時候曾被帶到湖畔，他看到「小溪的浪花沖刷著河岸，陽光照在水面上，水下的泥沙被波浪沖成了一條壠。湖水延伸到很遠很遠的地方。」榮格後來說：「這是一種難以形容的壯觀景象，我感到了一種不可思議的快樂。就在那個時候，一個想法在我心中牢牢地扎下了根：我一定要生活在離水很近的地方，沒有了水，

我想，人就根本無法生存。」

　　他很幸運，在青年時代就實現了「生活在湖畔」的夢想。1909年，他和妻子在蘇黎世湖畔散步時，發現了一大片正在出售的土地。他們高興地買下了這片地，在上面建造了住宅和花園。後來他的妻子愛瑪憶及此事時，眼睛裡依然閃著愉快的光芒。1922年，他們又在蘇黎世上游買了一塊地，在那裡新建了與湖水直接相連的塔樓，美麗迷人的湖水不停息地拍打著塔樓的院牆，這就是伯林根（Bollingen）。

　　榮格也喜歡山，他的父親在洛芬（Laufen，靠近蘇黎世）任代理主教時，有一次，他由姑姑領著走在路上，看見阿爾卑斯山脈正沐浴在夕陽火紅的餘輝之中。次日，小學生們要去蘇黎世附近郊遊，可是他太小了，還不滿四歲，沒有人肯帶他去，在他的心目中，阿爾卑斯山是「達不到的夢中之地」，直到大學畢業後，他才到了阿爾卑斯山山麓的蘇黎世。

　　1881年，他在本村上了小學。他的同學大都是農民和漁民的孩子，和男孩子們奔跑在鄉間的路上，使他感到非常快樂。

　　從表面上看，他與別的孩子並沒有什麼不同。可是，他依然孤僻、內向、缺乏安全感。如果在玩他自己的「建築遊戲」時發現有人觀察他，他就會感到不安，好像受了侵擾。

　　在離家不遠的一座斜坡上有一塊巨石，他常常坐在這塊巨石上沈思默想：究竟是我坐在巨石上面，還是我就是巨石，有人坐在我上面？

(三)預科學校

1886年他十一歲時被送進巴塞爾的一所寄宿學校。從家到學校，要沿著萊茵河走好幾英里的路程，榮格喜歡戶外活動，卻並不情願去上學。學校的生活刻板而又枯燥。老師們不怎麼喜歡他，同學又多是富家子弟，他們不能理解他，戲稱他為「亞伯拉罕長老」。

一次在教堂廣場，一個男孩從後面打了他一下，他的頭撞到路邊欄石上，以至他暈倒在地很長時間。這以後他曾多次昏倒，而且多方求醫也無法治好，於是不得不休學，回家療養。

他離開了討厭的學校，又投入大自然的懷抱。那裡，是「上帝的廣闊世界，井然有序，充滿了神祕的意義」。父親讓他看書，可是他看一會兒書就頭暈。直到有一天，他聽到父親同朋友談話時說：「醫生們已經說不清楚他究竟出了什麼毛病。如果他真的患了不治之症，那簡直太可怕了。我已經把僅有的那點積蓄花光了。如果這孩子不能自謀生路，前景真是不可設想。」

榮格受到很大震動，痛下決心改變自己。他的病不治而癒，當他重返學校學習時，每天早晨五點鐘就起來用功，好像換了一個人似的。有人認為這是他克服「戀母情結」的一次嘗試。

榮格把這件事當作對精神病的體驗。在自己的反省中，榮格想起，在他挨打倒地的瞬間，他心裡掠過這樣一個念頭：「這下我可以不去上學了。」但很快他就「忘記」了這種想法，否則他絕不會休學六個月，因為他不會撒謊裝病。他顯然是真的病了，也就是說，當他「忘記」了的時候，他就真病了；而當他忘記了

的內容回到意識之中時，他就痊癒了。

他十二歲那年，有一天放學以後，他穿過巴塞爾教堂廣場時，望著蔚藍色的天空和美麗的教堂，想到創造世界的上帝在天上安放了一個金黃色的寶座，……突然，一個可怕的念頭打斷了他的思路。在回家的路上，他努力要弄明白，自己與他人不同的思考是否違背上帝的意旨。他想到，亞當和夏娃是上帝創造的，因而他們是完美的，是不可能犯罪的；然而他們卻犯了罪 —— 這只能說明，他們之犯罪正是上帝的意旨。那麼自己的思考也應是上帝的意旨了。幾天後他又經過教堂廣場時，產生了一種幻覺：上帝從天上的金色寶座上排便，一團一團的糞便落下來，砸碎了教堂閃閃發光的新屋頂，把教堂的牆砸得粉碎。

後來，榮格在自傳裡說：「在我童年時代，我經驗過的種種象徵，在我腦海裡浮現出來的想像，它們的強烈與粗野使我痛苦到了極點。……是誰強迫我去想像上帝要這樣可恥地摧毀他的聖殿的呢？……我從不懷疑是上帝或者魔鬼存心這樣說，這樣做，因為我強烈地感覺到絕不是我自己有了這些想法，製造出了這些想像來的。」

榮格常常受到誤解。有些老師對他評價很高，例如拉丁文老師，和他的同學奧利的父親。但也有些老師看不慣他，一次，一位老師甚至懷疑榮格抄襲，而且他根本不聽榮格的辯解。當時榮格覺得自己已經無法忍受了，可是，他突然好像「被一陣來自宇宙和無限空間的氣浪籠罩住了」，感到了一種「突如其來的寧靜」。他想到，一些人不能了解他的天性，當然就不會相信他。

據奧利說，榮格之受到懷疑，只是因為他的文章寫得太好了！由於榮格的文章特別吸引人，奧利曾經潛入父親的書房，去

看寫字臺上尚未批改的榮格的文章，以先睹爲快❸。

此後，榮格得到一個綽號：「亞伯拉罕長老」。榮格暗暗覺得，這個綽號很適合他。他交了一些朋友，他們是「出身寒微的，怯生生的男孩」。他更加熱愛動物和大自然，覺得它們「親切而又忠誠，始終如一，值得信任」。有時，他對自然的信任超過了對人的信任❹。

據說榮格是歌德的後裔，此種說法確實與否已難查考。在他十五歲時，他的母親對他說：「你一定要讀讀歌德的《浮士德》。」榮格從《浮士德》中看到了與他自己相同的對上帝陰暗面的體驗。此後，他開始如饑似渴地閱讀。十九歲以前，他已經讀了很多書，特別是哲學著作，他覺得自己的許多想法在歷史上都能找到先例。最令他感動的是叔本華，叔本華的充滿痛苦的世界就好像是他自己的世界。他說：

> 終於有一位哲學家有勇氣看到，在宇宙的基本原理方面，並非一切都很樂觀。他既不談造物主十全十美而又充滿智慧的遠見，也不談宇宙的和諧統一，而是直截了當地闡明了一種根本上的缺欠，它構成了這一切的基礎：感傷的人類歷史進程和大自然的殘酷——創造世界的意志的盲目性，……叔本華爲世界所描繪的陰鬱的圖畫，正與我的見解一致。但他並沒有說出解決問題的辦法。❺

---

❸ 芭芭拉・漢娜，《榮格的生活與工作》，頁49。

❹ 同上書，頁50。

❺ 同上書，頁54。

（四）巴塞爾大學

　　1895年，榮格考入巴塞爾大學醫學系，父親出面爲他爭取到一份助學金。1896年，父親去世了，榮格突然變成一家之主，只得靠教課等方法賺些錢，來支付學費和瞻養家庭。後來，他得到親戚的幫助，總算堅持完成了學業。

　　榮格進入巴塞爾大學時，學校裡一片朝氣蓬勃的景象。人們沒有忘記，榮格的祖父曾爲醫學教育做出的貢獻，大學課程可以選修，比在預科學校時有了更大的自由，這使榮格非常滿意，增強了他的自信心。

　　這時，他已是一個身材高大的青年，「長著淺茶色的頭髮和一雙閃耀著智慧之光的褐色眼睛。」❻他風度瀟灑，依然敏感而易激動，但變得比以前開朗了。大學第一年，他就參加了瑞士學生俱樂部「左芬吉亞」(Zofingia)，而且很快就成爲俱樂部的負責人。

　　在學習醫學專業的同時，榮格繼續鑽研哲學、心理學、神祕心靈現象等問題。一次在同學父親的圖書室裡，他見到一本關於精神現象的書，書中內容同他在鄉下聽到的故事很相似。他想，宗教教義不同而其敍述相似，說明流傳於世界各地的那些相似的童話故事不可能是宗教信念的產物，因此，那些故事的相似必定與心靈的客觀狀態有關。

　　他星期日也不休息，如饑似渴地閱讀。柏拉圖、康德、歌

---

❻ 琳達・鄧恩 (Linda Donn)，《弗洛伊德與榮格》，頁50。

德、哈特曼 (Eduard von Hartmann, 1842-1906, 德國哲學家)、叔本華和尼采的著作給予他深刻的影響，他們探索人性奧祕的勇氣尤其令他欽佩。

從童年時代起，他就已經知道許多逾越時間、空間和因果性界限的事件、動物能預知暴風雨和地震、夢可以預示人的死亡、在危機的瞬間鐘會停擺。歸根結蒂，沒有什麼東西是荒謬的。他不無自豪地感到，一些人無視這些現象並以爲它們是荒謬的，是因爲都市世界對鄉村世界一無所知。鄉村世界 —— 那是山林河流的世界，動物和「上帝的思想」（植物和晶石）的世界。人要在大自然中生活，才能體驗生命豐富而神祕的意義。

大學期間，榮格還進行過靈學研究。有一天，他正在自己的房間裡看書，他的寡居的母親正在餐廳的窗旁切著東西，突然一聲巨響，她身邊的胡桃木圓桌從邊緣直裂到中心。這張圓桌已經使用了七十多年了，不可能無故迸裂。

兩個星期後，鄰居家的一張沈重的餐具桌裂開了，也發出震耳欲聾的響聲，接著，榮格發現在自己家中的食厨裡，麵包籃裡的麵包刀裂成了碎片。

他請一位刀匠察看那些碎片，刀匠說，刀是用好鋼製作的，不可能自行碎裂，一定是有人通過某種方法，把刀一塊一塊地折斷了。這些碎片，榮格一直收藏著，有時拿出來給朋友們觀看。

過了幾個星期，他好像找到了肇事者。那是一個十五歲半的通靈少女。一些親戚邀請他去參加降神會，他看見這個少女處於夢遊狀態，似有一老人附身。爲了研究這些奇異的精神現象，他在兩年的時間裡多次參加降神會，有時還幫助搬動靈動桌。他對降神活動作了詳細的記錄，後來，這項研究成果成爲他的博士論

文的組成部分。

在大學的最後的一個秋天裡，榮格要準備考試並選擇職業了。當時，精神病學是一最不時髦的領域，很少有人願意進入這個寂寞的園地，以此為職業更屬荒唐。因為精神病案是精確科學難以對付的，只能依據經驗和觀察，做出模糊的把握。即便是對精神奧祕深感興趣的榮格，也無意去當一名精神病學家。在畢業考試之前，慕尼黑的弗里德利希‧馮‧米勒 (Friedrich Von Müller) 已同意他去當助手，這是一個令人羨慕的位置。

但是榮格認為，當時的醫學所缺少的正是心理學，精神病學當然很重要。他翻開克拉夫特—埃賓 (Krafft-Ebing) 的《精神病學》，想知道「一個精神病醫生能為自己說些什麼」，於是他看到了一些使他茅塞頓開的話。

在《精神病學》的前言裡，埃賓寫道：「或許，由於其主觀獨特性和發展的不完備性，精神病治療教科書也或多或少地打上了主觀性格的烙印。」隔過幾行，他把精神變態稱為「人格疾病」，這些話使榮格怦然心動，他激動地站了起來，若有一道閃光掠過心頭：「一切都變得清晰了……我唯一可能的目標就是精神病的治療與研究。」❼

他就這樣選擇了職業。老師和同學都為他放棄美好的醫學前途而惋惜，他卻把自己的決定視為命運的呼喚。而在尊敬的米勒老師和同學們的驚訝和失望面前，他又一次感受到了不被理解的痛苦。

---

❼ 約瑟夫‧坎貝爾，《榮格‧編者前言》，頁11。

二、醫生和科學家(1900-1912)

　　二十五年來，榮格一直在巴塞爾生活，而且自幼至今都是在父輩的遮蔽之下。人們甚至很少叫他的名字，而往往只稱他爲「卡爾的孫子」或「牧師家的卡爾」。他是著名學者和醫生某某的孫子，他是神學博士和牧師某某的兒子，他是著名的巴塞爾大主教某某的外孫，他是榮格家族八九位牧師的子侄。作爲名人之後，他感到壓抑，心中充滿對未來獨立生活的渴望。

　　1900 年，榮格離開了巴塞爾，來到他所嚮往的蘇黎世。在蘇黎世大學精神病院裡，他成爲歐根・布洛伊勒教授（Eugen Bleuler, 瑞士精神療家，1857-1939）的首席助理醫生。

(一)布勒霍爾茲利精神病院

　　榮格到了蘇黎世布勒霍爾茲利精神病院 (Burghölzli Mental Hospital and University Clinic) 後，立即發現自己對精神病學實際上是「一無所知」的，面對患者，他感到慚愧。於是他發憤用功苦讀，並向自己的恩師學習。布洛伊勒教授是一個和藹可親的人，非常關心榮格的研究工作，他還是一個「絕對戒酒主義者」，在他的影響下，榮格也戒了酒。1902 年，榮格到巴黎

半年, 向另一位恩師, 法國精神病學家皮埃爾‧雅內 (Pierre Janet) 學習。後來, 他一直保持著對這兩位長者的敬愛之情。

1902年, 榮格完成了博士論文《所謂神祕現象的心理病理學研究》。這篇論文包含了榮格心理學思想的萌芽。根據對通靈者案例和某些神祕現象的研究, 榮格已經提出了一些有價值的問題, 例如無意識內容具有自主性, 無意識不受意識的支配, 是超越於意識心智之上的直覺主體, 心理危機的保護性轉移等等。他指出:「一個歇斯底里病人的感覺能力, 在特定時間裡要比正常人敏銳五十倍。」而且, 當通靈的女孩笑逐顏開, 好像受到了「神啓」時, 她的人格結構的內容來自意識心智之下或之外, 這些內容是由一種業已形成的意象構成的。

這個通靈者就是前面提到過的女孩, 他是榮格的表妹海倫‧普里斯維克‧榮格 (Helene Preiswerk Jung) 榮格一直很重視這個案例。

1903年2月14日, 榮格與愛瑪‧洛森巴赫 (Emma Rauschenbach) 結婚了。愛瑪漂亮而有教養, 家境富裕, 榮格曾幾次向她求婚, 在榮格事業有成之後才答應了這門婚事。他們在蘇黎世湖畔的庫斯納赫特安家, 後來生了一男四女, 愛瑪忠於家庭, 在榮格的漫長一生中給了他莫大的幫助。

榮格記得小的時候, 他曾由一位金髮碧眼的年輕女人領著, 沿著萊茵河散步, 那位年輕的女人就是他後來的岳母。在他十一歲時, 曾到她家去玩, 那時她已經有了兩個女兒, 大女兒愛瑪在他的心目中, 就像是童話中的公主。

經過不懈的努力, 榮格的職位得到提升。1905年, 他成為高級醫生, 並被聘為蘇黎世大學精神病學講師。此時, 他已經是歐

洲著名的和最有希望的心理學家了。

(二)「聯想試驗」與「情結」

早在上世紀末，榮格就開始了「聯想」研究。1904年的一個晚上，老弗朗茨‧利克林 (Pr. Franz Riklin) 從德國回來了，布洛伊勒教授到車站迎接自己的新助手。一路上，他們熱烈地交談著，布洛伊勒高興地向利克林介紹了榮格的情況，當晚，他們便把榮格叫來一起商量如何著手進行「聯想試驗」(association experiments)。

聯想試驗是德國心理學家馮特 (Wilhelm Wundt, 1832-1920) 首先使用的一種心理測試方法，但只用於對意識的研究。榮格所用的方法是「詞語聯想測試法」(word association tests)。這種方法要列出一張單詞表，通過受試者對所聽到的單詞的反應，來探查心理的癥結。直到今天，世界各地的精神病院裡仍在使用這種方法。此法也常用於審問罪犯。榮格本人就常被法院叫去幫忙，他曾對倫敦的聽眾說:「在蘇黎世時，每當有棘手的犯案，法院就把我找去，我是他們求助的最後一根稻草。」❶

在聯想試驗中，他使用一種儀器——用電流計來測量人的皮膚對情結的反應，榮格發現了一種具有激動情緒作用的心理單位，他把這種單位命名為「情結」(complexes)。「情結」的發現為榮格贏得了巨大的聲譽。而且，榮格也已發現，存在於試驗

---

❶ 榮格，《分析心理學的理論與實踐》，頁50。

結果中和夢中的許多精神內容，並不屬於個人的層次，而是遠遠
超越了個人的範圍。

(三)榮格與弗洛伊德：友誼與決裂

弗洛伊德於1900年出版了引起轟動的著作《夢的解析》。榮
格很重視弗洛伊德的研究工作，並組織了一個研究弗氏理論的小
組。小組成員常在布勒霍爾茲利他的居室一起探討問題，這甚至
引起了布洛伊勒的不悅，因為他和皮埃爾・雅內皆是榮格的兩位
恩師，他們都對弗洛伊德的理論很反感。

在當時的學術界，弗洛伊德的確非常孤立。榮格經過認真的
考慮，決定公開支持弗洛伊德。1906年，榮格給弗洛伊德寄去了
一本《聯想研究》(*Diagnostische Assoziationsstudien*)，雖
然「情結」是榮格自己獨立的發現，但他願意以自己的研究成果
去證明弗洛伊德的理論。

由此，就開始了這兩位心理學巨人之間的友誼與衝突的故
事。

1907年，榮格出版《早發性痴呆心理學》(*The Psychology
of Dementia Praecox*)❷，弗洛伊德因此邀請榮格來維也納。

西格蒙德・弗洛伊德 (Sigmund Freud, 1856. 5. 6-1939.
9.23) 後來成為舉世皆知的偉大的心理學家，但是在二十世紀最
初的十年裡，他受到學術界的排斥，處於「光榮的孤立」之中。
弗洛伊德是猶太人，具有猶太民族不屈不撓的執著精神。他曾說

---

❷ Dementia Praecox 是精神分裂 Schizophrenia 的舊名詞。

過：「我經常地感受到自己已經繼承了我們的先輩為保衛他們的
神殿所具備的那種蔑視一切的全部激情；因而，我可以為歷史上
的那個偉大時刻而心甘情願地獻出我的一生。」❸ 他確實以大無
畏的英雄氣概，揭示了人類根性中的黑暗，並為保護人類心靈的
健康與純潔，獻出了畢生的精力。榮格的工作和人格吸引了他。
1906年4月他們二人開始通信，在信中，弗洛伊德曾對榮格說：
「敵人越多越光榮。」❹

　　1907年2月27日（星期日）上午十時，榮格來到弗洛伊德家
中。這次會見給他們兩人都留下了難忘的印象。其時榮格三十二
歲，弗洛伊德已經五十一歲了，榮格非常激動地向弗洛伊德談起
自己的研究成果和不解的疑問，弗洛伊德認真地傾聽著，然後是
滔滔不絕的討論和傾心的交談。不知不覺之中，他們的談話已持
續了十三個小時。兩個有著共同理想和共同課題的學者，相見恨
晚，一見如故，這真是難得的人生體驗。

　　在相當長的一段時間裡，榮格與弗洛伊德之間建立起親密的
感情，弗洛伊德有時稱榮格為「我的親愛的兒子」，希望他能繼
承自己的事業。1911年，由弗洛伊德本人親自推薦，榮格擔任了
國際精神分析學會的第一任主席。在《回憶、夢幻與思考》中，
榮格說，弗洛伊德曾把他稱作「皇太子和繼承人」，弗洛伊德甚
至說過：「當我所建立的王國被孤立的時候，唯有榮格一個人應
當繼承它的全部事業。」❺

　　榮格尊敬弗洛伊德，認為他在自己的一生中具有重要的意義，

---

❸　高宣揚，《弗洛伊德傳》，頁2。
❹　同上書，頁215。
❺　同上書，頁254。

同時熱心地投入開展精神分析運動的活動。但是從一開始，在對性理論的看法上，榮格就持有不同的意見。就在初次長談時，榮格曾提出，有一些精神病的病因很難歸之於性壓抑或性創傷，但弗洛伊德以為他臨床經驗不足，沒有在意。據榮格回憶，當時「一切不能被直接解釋成性的東西，他都認為是心理上的性（psychosexuality）。我堅持認為，他的性假說，若引申到其邏輯的結論，將導致一種對文化的毀滅性判斷，那樣一來，文化就成了一齣丑劇，一種被壓抑的性能量的病態產物了。『是的，』他肯定說：『正是這樣，而且這也正是人類的惡運，對此，我們是無力與之抗爭的。』我不能同意這種觀點，但也沒有自信力同他爭辯。」

榮格說：「我有一種強烈的直感：對他來說，性是一種神聖物。」後來，弗洛伊德還對榮格說過：「我親愛的榮格，答應我，永遠不要放棄性理論，那是所有事物中最本質的東西。你看，我們必須使它成為一種信條，一座不可動搖的堡壘。」❻

在剛同弗洛伊德交往時，有幾位教授警告榮格不要誤了自己的前途，榮格曾回答說：「只要弗洛伊德是正確的，我就站在他一邊。」但他的思想不可能與弗洛伊德完全相同。1909年8月21日，他們應美國麻省克拉克大學（Clark University）的邀請，乘喬治‧華盛頓號輪船赴美講學。七日的海上航程，有很多閒暇相互釋夢。對榮格的一個夢，弗洛伊德認為是榮格個人某種欲望的表現，榮格沒有反駁，卻不同意這一結論，他認為，這個夢顯然包含著非個人的或超個人的內容，說此夢表明他盼著某兩個人

---

❻ 坎貝爾，《榮格‧編者前言》，頁18-19。

死去，實在過於牽強❼。

　　弗洛伊德的理論在盎格魯 — 薩克遜各國的影響日增，這增強了他的信心，但由於對猶太人的歧視，日耳曼語系各國還難以打開局面。弗洛伊德當然希望精神分析運動內部團結一致，可惜分裂已不可避免。首先是 1911 年春，阿爾弗雷德・阿德勒 (Alfred Adler, 1870-1973) 以其「自卑與超越」理論向弗洛伊德的潛意識理論提出挑戰，其次是維也納精神分析學家威廉・斯泰克爾 (Wilhelm Stekel, 1868-1940)，他提出「象徵學」後，目中無人，有時說:「站在巨人身上的侏儒可以看到遠比巨人廣闊得多的視野。」弗洛伊德則回敬道:「可能是這樣，但待在天文學家頭上的虱子並不這樣。」❽ 1912年末，他退出了維也納精神分析學會。

　　1912年，榮格發表了重要的論文《里比多的象徵》（《原欲的象徵》）(*Symbole der Libido*)，公開反對把里比多局限於性欲。同年夏天，他去美國講學，國際精神分析學會年會未能舉行，而且在講學中，他也公開了與弗洛伊德的分歧。

　　1913年11月，他們二人在慕尼黑會談，但分歧已無法挽回。1913 年 10 月，榮格正式辭去《年鑑》主編職務，1914 年 4 月又辭去國際精神分析學會主席職務，然後又退出了國際精神分析學會。

　　他與弗洛伊德的友誼、合作和往來至此結束。

　　人們從不同的角度探討他們關係破裂的原因。

---

❼　在以後關於集體無意識的章節裡，我們還要詳細討論這個夢。

❽　高宣揚，《弗洛伊德傳》，頁239。

　　從種族及其文化傳統的角度。一些學者認為，維也納的弗洛伊德學派與蘇黎世的布洛伊勒 —— 榮格學派之間的對立，表現出猶太人（維也納）與非猶太人（蘇黎世）之間的區別。在維也納，弗洛伊德和他的「騎士」們，除瓊斯（E. Jones）一人外，都是猶太人，如費倫茨（Ferenczi）、亞伯拉罕（Abraham）、薩克斯（Szasz）、埃廷岡（Etingon），因而弗洛伊德本人的思想和精神分析運動不免帶有猶太民族及其文化傳統的印記。弗洛伊德說：「猶太人同雅利安精神之間的確存在著巨大的區別。……因此，在人生觀和藝術觀上，肯定也處處存在著區別。」

　　當然，弗洛伊德並無種族偏見。他接著就說：「但是，並不存在雅利安人的或猶太人的科學這種東西。科學的結論必定是相同的，儘管它們的表達方式可以不同。如果在對客觀聯繫的理解中反映出這些差別，在科學的意義上，那必然是出了某種錯誤。」❾

　　但是，傑出的學者埃利希・諾伊曼（Erich Neumann, 1905-1960）指出了弗洛伊德的「無意識偏見」。在一篇論文裡，諾伊曼寫道：「弗洛伊德視為當然『科學』的東西，已經部分地染上了他自身的無意識偏見的色彩，這些偏見還從未被分析過。從他寫給亞伯拉罕的話看，似乎他對此毫無覺察：『不要忘記，對於你來說，追隨我的思想確實要比追隨榮格的思想更容易一些，首先因為你是完全獨立的，其次，種族的關係使你與我的智力構成更加接近。』人們可以從這句話推斷出，在某種程度上，是一個猶太人，就是為心理學科學研究作了較好的『種族』準備。」

---

❾ 埃利希・諾伊曼，《創造性的人・弗洛伊德與父親意象》，頁237。

　　諾伊曼是猶太裔的榮格心理學學者，他對弗洛伊德的無意識
心理的揭示是深刻的：「正因為弗洛伊德『忘記』了猶太人是同
樣傑出的信教的人民，而且在猶太教神祕哲學和虔信派中已經產
生了最重要的神祕思想和運動，所以，他從未考慮到隱蔽在個人
無意識之後起作用的，更深的超個人無意識層次。」而非猶太人
的歷史背景就不會產生那種非宗教的情感，對於榮格以及許多人
來說，把古老的宗教現象斥為只不過是「返祖的胡說」是不可能
的❿。

　　諾伊曼這樣說是有根據的。榮格本人對許多神祕現象有所體
驗。1905年，榮格曾被聘為蘇黎世大學的精神病學講師。有一
次，一位中年婦女架著拐杖，由女傭攙扶著進了房間。她左腿麻
痺已十七年，坐到一張舒適的椅子上談了很長時間自己的病況。
後來，榮格說：「好吧，我現在為你催眠。」於是她進入精神恍
惚狀態，並講述著許多荒唐的夢，雖然在整個過程中，根本沒有
施行過任何催眠。當著二十個學生的面，她的講述使榮格感到難
堪，用了十分鐘才使她清醒過來。榮格對她說：「我是醫生，一
切都很好。」她卻喊道：「啊，我的病好了！」她已經不用拐杖
就能走路了，而榮格自己，則像一個身懷絕技的男巫。

　　1909年春天，在維也納，就是在弗洛伊德表示將榮格視為
「長子」時，榮格向弗洛伊德問起對預知和靈學的看法，不料
弗洛伊德說：「純粹是胡說八道！」榮格後來談起此事時說：「這
句實證論的措辭是如此粗鄙，以至於我很難控制自己不反唇相
譏。」當時，榮格有一種奇怪的感覺，好像橫膈膜是鐵製的，正

❿　《創造性的人・弗洛伊德與父親意象》，頁238。

在變成一個熾熱的穹窿。接著，後側的書櫥裡發出一聲巨響。榮格對弗洛伊德說，這就是某種神祕現象的例證。弗洛伊德喊道:「純屬胡說!」榮格回答:「不，您錯了，教授先生。爲了進一步證明我的觀點，我現在預言，一會兒還將有一聲巨響。」果然，書櫥裡又傳出同樣的爆炸聲。

榮格回想起此事時頗有些得意:「弗洛伊德只是驚恐地望著我，我不知道他心裡在想什麼或他的樣子意味著什麼。無論如何，這件事引起了他對我的疑惑，而我卻有這樣一種感覺，即我已經作了一些事情反對他。」

在這兩位偉大的心理學家的交往中，弗洛伊德有兩次暈過去了。第一次是在1909年8月20日乘船去美國克拉克大學前夕，他們在不來梅進晚餐時。關於暈厥的原因有不同的說法。可能當時榮格對弗洛伊德說起丹麥發掘的鐵器時代泥炭地殘骸，不知何故觸動了弗洛伊德的神經。他問榮格何以如此關心那些東西，榮格離開了，弗洛伊德突然暈過去了。後來他解釋說榮格有針對他的死亡欲望，也可能是榮格已在布洛伊勒的影響下變爲戒酒者了，而當時弗洛伊德勸榮格飲酒取得了成功。弗洛伊德說，他的暈厥是「勝利面前的失敗」，當時他把榮格當作自己的兄弟了。他曾出於妒忌希望弟弟死去，到弟弟眞的幼年夭折時，他爲自己的「勝利」感到慚愧。

另一次是1912年11月24日，在慕尼黑召開國際精神分析學會會議時，談起古埃及國王伊克納頓 (Ikhnaton)，出於對父親的否定態度，這位國王抹去了所有的紀念碑上他父親的名字，因此在他創建的一神論宗教後面，隱藏著一個父親情結。弗洛伊德很注意此事，榮格則認爲，弗洛伊德過分強調了國王與父親的關

係，而伊克納頓最重要的事跡是一神教的確立。這時弗洛伊德昏暈了，可能在他的心裡，他是被消滅的父親，榮格是弒父的兒子，他看不到榮格所強調的超個人的父親意象。

諾伊曼認為，弗洛伊德以其高貴的膽識和非凡的努力，「單獨地而且無助地承受了一種自我分析，並發現了從俄狄浦斯情結到幼兒期性欲的全部個人無意識內容」，對代表意識文化的父神進行了英勇的鬥爭。但由於他依然受著猶太人對代表無意識的母神的禁忌，父親情結和父親原型仍在他心中起著重要作用。他甚至沒有認真地研究過先於父神的母神。

從個人氣質性格的角度，瓊斯為撰寫弗洛伊德的傳記，曾向他的女兒安娜（Anna Freud）問起，她父親最突出的性格是什麼，她回答說:「他的最突出的個性就是他的單純。」弗洛伊德繼承了父親單純的性格，在日常生活裡，他討厭繁文褥節，喜歡簡單有條理，據說他只準備三套衣服，三雙鞋，三套內衣。外出時的行李也極簡單。他傾向於把事物簡化，用簡明的結構和規律來把握事物。他厭煩音樂，對繁瑣的形式和神祕莫測的現象不感興趣。因此，他對榮格的興趣取向和「祕術」研究非常抵觸而且反感。榮格卻是酷愛深思冥想的人，保持著山野鄉民的純樸和好奇，他喜歡事物的原始豐富性，似乎不願意把完整的世界打碎。當弗洛伊德要求他把性學當作「信條和不可動搖的堡壘」時，他驚訝地問:「一個堡壘——針對什麼呢?」他聽到的回答是:「針對可惡的逆流——針對祕術。」

他們兩人在個性上顯然難以和諧相處。榮格說:「首先，『信條』和『堡壘』這種措辭令我驚愕。作為『信條』，就意味著對信仰的無可辯駁的確認，這僅僅在以不斷遏止懷疑為目的時才能

成立。但是不要很久就不會再有科學的判斷，剩下的只是個人勢力的馳騁。」榮格還說:「這件事擊中了我們的友誼的要害，我知道，我永遠不可能接受這樣的一種態度。弗洛伊德表面上說『祕術』，實際上是指哲學、宗教等等，包括當代新興的靈學。對於我，性學才是祕術，就是說，性學僅僅是一種無法證明的假說。」

美國學者施陶德說:「榮格是一位有直覺的思想家，氣質上屬於自然神祕主義者。」他把承認人類理性的有限性視爲人類至高的智慧，可是在弗洛伊德看來，這只不過是「世界觀幼稚症」**❶**。

從個人隱私和個人感情的角度。榮格本人說過:「我知道弗洛伊德的三角關係，此事成爲我與弗洛伊德關係破裂的一個重要因素。」據約瑟夫‧坎貝爾 (Joseph Campbell) 爲他編輯的《榮格》一書寫的導言所說，他們的第一次會晤並長談十三小時是在1906年，1907年已是榮格第二次去維也納了，這次他是帶妻子同去的。坎貝爾引述了1957年榮格對來訪的約翰‧畢林斯基博士所說的話:「弗洛伊德到旅館來看我們，還給我妻子帶了一些鮮花。他作出一付十分憂鬱的樣子對我說:『很抱歉我不能眞正地款待你們，在我家裡只有一個老妻。』」晚上在弗洛伊德家進餐時，榮格想同弗洛伊德的妻子談談，驚奇地發現她對丈夫的工作完全一無所知。相反地，弗洛伊德的妻妹卻對精神分析相當精通。幾天以後榮格去參觀弗洛伊德的實驗室，這位非常漂亮的妻妹告訴他，她與弗洛伊德的關係使她心煩意亂，對此有一種負罪

---

❶ 施陶德，《心理危機及成人心理學》，頁34-35。

感。1909年，他們在乘船赴美的旅途中互相釋夢時，弗洛伊德以爲榮格不明底細，便講了一些困擾著他的夢讓榮格分析，其中有一個關於他妻子和妻妹的夢。榮格請他談談他自己與此夢的關係。榮格說：「他目光銳利地盯著我，說道：『我可以告訴你更多的東西，但是，我不能讓我的威信冒險。』這樣，當然，我不再提起他的夢了。……假如弗洛伊德努力自覺地理解這種三角關係，那他就會好得多了。」

此外，從他們的書信中可以看出，榮格雖然敬愛弗洛伊德，卻又不斷地反省自己，抵禦著弗洛伊德父性的遮蔽。他曾寫道：

> 我對你就像對宗教一樣，產生了信仰危機。……❿

陷於對弗洛伊德的依戀使榮格感到厭惡，讓他不離開弗洛伊德是不可能的。

也有一些人用自尊心來解釋他們二人關係的破裂，認爲榮格有意識地放棄了這份友誼，以便走自己獨立的道路。

從時代和哲學思想的角度，弗洛伊德崇尚理性，執意要堅守十九世紀科學理性主義的理想，他付出畢生的努力揭示人類的無意識心理，是爲了對它進行監查和控制，似乎無意識只是存放意識棄置物的倉庫。榮格則屬於二十世紀，甚至屬於未來，他認爲無意識是「母體」，是意識的基礎，具有其獨立性和創造性。弗洛伊德精通經典物理學，榮格則關注著現代物理學的發展，而且同愛因斯坦等偉大的學者保持著密切的往來。榮格對西方和東方

---

❿　施陶德，《心理危機及成人心理學》，頁32。

哲學都很重視，他的思想指向現代物理學與東方神祕主義以及無意識心理學的結合。

美國著名的猶太裔心理學家和社會哲學家埃利希·弗洛姆（Erich Fromm）認爲，弗洛伊德與榮格的分裂固然有其個人的原因，但主要的原因，還是兩人在學術思想上的分歧。

弗洛姆說:「弗洛伊德是個理性主義者，他之了解無意識是因爲他要控制和征服無意識。相反，榮格屬於浪漫主義的，反理性主義的傳統。他懷疑理性和理智，代表著非理性的無意識對他說來是智慧的最深根源。在他看來，分析治療的功能是幫助病人接觸這種非理性的智慧源泉，並從這種接觸中受益。榮格對無意識感興趣是取一種浪漫主義的讚賞態度；弗洛伊德的興趣則是取理性主義的批判態度。他們可以暫時相會，但是又各自沿著不同的方向走去；分裂是不可避免的。」❸

弗洛姆指出: 弗洛伊德希望用理性征服世界，是「理性主義的最後一位偉大代表」❹。不幸的是，弗洛伊德的晚年籠罩在第二次世界大戰的陰影之中，西方理性主義遭受了空前的失敗。但另一方面，弗洛伊德又是非理性浪漫主義的後繼者。「他也給理性主義一個致命的打擊」，暗中破壞了理性主義的基礎❺。

總而言之，這兩位帶給無意識黑暗以光明的現代心理學先驅，懷著複雜的心情終結了他們的友誼，留給後人不盡的回味。他們像兩顆巨星，相互碰撞並發出耀眼的火光。在分道揚鑣之後，分歧變成了他們在各自的領地裡深入探索的動力。

---

❸ E. 弗洛姆，《弗洛伊德的使命》，頁62-63。

❹ 同上書，頁133。

❺ 同上書，頁134。

只是弗洛伊德已經走出了寂寞時期，榮格卻一步一步地，堅定地走向了孤獨。

三、「無意識王國」：弗洛伊德的發現

十九世紀末二十世紀初，心理學正醞釀著法國哲學家柏格森 (Henri Bergson, 1859-1941) 所預言的「輝煌的發現」❶。

作出這一輝煌發現的，是奧地利精神分析學家弗洛伊德。但是，在祝賀弗洛伊德七十壽辰時，有人稱讚他是「無意識的發現者」，他卻反駁說：「在我之前的詩人們和哲學家們就已經發現了無意識，我發現的只是研究無意識的方法。」

(一)「怎樣能夠知道我們所沒有意識到的東西？」

弗洛伊德這樣說，是因為在他之前的漫長歲月裡，人們對無意識的探討幾乎從來沒有中斷過。即如英國哲學家洛克 (John Locke, 1632-1704)，雖然把心靈視為一張「白紙」，「一塊潔淨的石板」，卻提出了這樣一個令多少思想家頭痛的難題：「怎樣能夠知道我們所沒有意識到的東西？」❷ 甚至理性主義的黑格爾 (Hegel, 1770-1831)，也探討過「無意識深處」的「無窮無盡

---

❶ 轉引自雷賓，《精神分析和新弗洛伊德主義》，頁12。

❷ 同上書，頁5。

的形象和意識中沒有的觀念的世界」❸。

德國哲學家萊布尼茲 （Gottfried Wilhelm Leibniz, 1646-1716），曾經把心理分爲意識和現象兩個領域，試圖從理性上把握人類內心世界中的「無意識的痛苦」❹。

對無意識探討較深入的是一些傾向於非理性的哲學家，以及一些生理學家和心理學家。如非理性主義的哲學家叔本華（Arthur Schopenhauer, 1788-1860)在《作爲意志和表象的世界》裡說:「無意識性……這是一切事物初始的，自然的狀態；因此，無意識性是有些物種中作爲無意識性最精華部分的意識的成長基礎；這是無意識的東西甚至在這一最高階段上仍然對意識占優勢的原因所在。」❺這就是說，與意識相比，無意識占有重要地位，它是萬物的本性，是意識的基礎。這種本體論的無意識理論，對無意識心理學的發展影響甚巨。德國哲學家哈特曼（Eduard Von Hartmann, 1842-1906)在其三卷本的巨著《無意識哲學》裡，詳細闡述了無意識發展的三個階段，理性主義與非理性主義的結合、分裂和衝突。他同樣強調無意識心理的重要性及其本體論意義，雖然意識和理性的發展很有必要，但是，「邏輯因素完全戰勝非邏輯因素之日，也就是世界過程的終結和末日來臨之時。」❻哈特曼被稱爲「無意識的哲學家」，是弗洛伊德精神分析學的理論先驅。

對弗洛伊德有重要影響的另一位德國哲學家，是對理性主義

---

❸ 轉引自雷賓，《精神分析和新弗洛伊德主義》，頁6。
❹ 同上書，頁4。
❺ 同上書，頁7。
❻ 同上書，頁8。

進行激烈抨擊的尼采 (Friedrich Nietzsche, 1844-1900)。尼采認爲，意識缺乏魅力，理性主義扼殺藝術，而「無意識性乃是一切理想境地的必要條件」❼。

　　十九世紀末，一些科學家開始用自然科學的方法探討人類的無意識心理。1856年，實驗心理學奠基人馮特 (Wilhelm Wundt, 1832-1920) 首次提出「無意識推理」問題，可惜後來未繼續下去。他認爲心理學只研究意識，因之埋頭於意識經驗而拒絕研究「靈魂」。建立「無意識推理」學說的是赫爾姆霍茨 (Hermann von Helmholtz, 1821-1894)。例如在意識推理中，人皆會死，某人是人，所以他會死，但人們依據經驗，可以不假思索地知道某人會死，因爲這種推理是大腦在知覺中迅速而自動地完成的。赫爾姆霍茨稱之爲「無意識推理」。所有不直接見於刺激的部分是根據以往的經驗附加在知覺上的，原本是有意識的推理，後來由於聯想和重復，而轉變爲無意識的「推理」了。也就是說，「無意識推理」來自意識推理，來自意識的習慣化❽。1868年，卡彭特在倫敦皇家學院作專題報告，從生理學角度探討無意識的大腦活動。1886年，邁耶爾茨提出的「閾下意識」理論，更成爲十九世紀西方心理學的重大發現。

　　自然科學方法有其貢獻，但也有其片面性。人的本質非生理學所能解釋，科學實驗對人性奧祕的揭示無能爲力，於是一些學者起而反對科學主義和理性主義對人文科學的消極影響。德國哲學家狄爾泰 (Wilhelm Dilthey, 1833-1911) 提出：「原型的人分解於全部歷史進程之中。」他認爲，只能通過對歷史的認識來

❼　轉引自雷賓，《精神分析和新弗洛伊德主義》，頁7。

❽　波林，《實驗心理學史》，頁350。

達到對人的本質的理解，只有用分析的方法，才能揭示人類完整的心理結構。人文科學必須建立自己獨特的研究方法。他的主要著作《人類科學導言》，對人文科學方法論的發展作出很大貢獻。此外，他還探討了意識和無意識的關係及其相互作用。

當時出現了兩種心理學：以自然科學爲基礎的「解釋心理學」，和堅持人文科學獨立性的「描述心理學」（正如狄爾泰所說，可以「解釋」的只有自然現象，而人的心理只能「描述」和體認）。後來，弗洛伊德把這兩種心理學方法綜合到自己的精神分析理論之中。

（二）弗洛伊德

人啊，留心！
深沈的午夜說些什麼？
我睡了，我睡了……
我從深沈的睡夢裡驚醒；
我知道，世界是如此深沈，
深於白晝所知道的。
深沈就是它的痛苦，
快樂卻比痛苦更深。
痛苦說：消逝吧！
而快樂卻希望著永恒
　　……希望著深沈的，深沈的永恒！
　　── 尼采《蘇魯支的醉歌》(The Drunken
　　Song from Thus Spoke Zarathustar)

這又豈只是尼采的醉歌？ 這也是十九世紀末人們共同的悲歌。

他們才開始覺得科學正像一把利劍無往而不勝時，卻又看到產業革命所帶來的嚴重的社會問題：新環境的認知和失業等問題。

在那樣一個頹廢糜爛的年月裡，尼采的詩，就像暮鼓晨鐘，刺激了弗洛伊德的靈感，使他看到人類意識和無意識正如白天和夜晚一樣。人類無意識的行為領域就像浩瀚無垠的大海，豐富而危險；又像漆黑的夜晚，深不可及，神祕而可畏。弗氏試著以希臘神話與科學的方法為精神分析心理學奠定基礎。

維也納是個非常古老的城市。它由一個邊疆的前哨站演變成一個文化名城。早在古羅馬與日爾曼人之間的戰爭開始，維也納就扮演「堡壘」的角色，後來，由戰爭堡壘變成文化堡壘，其間朝代的替興與為政者的政策，更增加了維也納的文化氣氛。

維也納位於多瑙河南岸，街道整潔，風景宜人。它曾為神聖羅馬帝國的首都， 交通方便， 四通八達， 擁有著名的維也納大學，在哈布斯堡統治下非常繁榮。尤其想到藍色多瑙河的華爾茲舞曲，想到貝多芬、莫扎特、舒伯特的交響樂，身在露天咖啡座上，更有置身大都會的感覺。

法蘭西斯·約瑟在位時間很長，在他的晚年，受了自由派的壓力而大興土木，建造了美麗的歌劇院，博物館和教堂等輝煌的建築物，同時在科學、美術、音樂和文學上也締造了特有的世紀末文明，影響後世甚巨。

像勃拉姆斯(Brahms)惱人的歌曲，韋納 (Wegner)火葬般恐怖的歌劇，和非洲節拍的華爾茲舞曲，還有沃菲爾（Warfel）、霍夫曼斯塔爾 （ Hugo von Hofmannsthal ） 和施尼茨勒

（Schnitzler）等文學家的作品，寫盡了人生的苦痛悲慘和寂寞。尤其是繆西爾 (Musil) 在其作品《沒有品質的人》(*A Man Without Quality*) 中，對世紀末的焦慮有淋漓盡致的發揮。

同時，因立場和利益的不同，而有不同的政治派別。種族複雜，德國人自認爲是優等民族，猶太人受歧視。法蘭西斯·約瑟希望猶太人都改爲天主教徒，否則入學、求職都會非常困難。

由於環境的衝擊，當時在猶太人中產生了許多優秀的藝術家，他們創造出許多優秀的作品。如馬勒 (G. Mahler) 的「流浪者的悲歌」，又如畫家克里木特 (G. Klimt) 的三幅名畫：「哲學」、「醫學」、「法學」，「哲學」中畫一女神唱尼采的《醉歌》，宇宙是沒有秩序的一片渾沌；「醫學」只是一個女巫，以毒蛇藥酒治病；「法學」則是一被章魚纏身的老人。他雖受到激烈的批評，卻對學術界產生很大影響，他暗示當代神學即將破產，在善惡鬥爭中，邪惡和理學則占上風。這就是二十世紀。但當時的人因爲認識的模糊，而對新世紀的來臨產生了焦慮和恐懼。

弗洛伊德就是在這樣的環境中長大的。父親是一個開明而嚴於管教的人，母親則是典型的猶太婦女，在家相夫教子。猶太人所受到的很深的歧視，影響了弗洛伊德的成長，雖然他功課優異，寫得一手好的德文，仍然不能在早年打入高階層的社會。童年交友的經驗使得他對宗教有很深的歧視，這在他晚年的著作《摩西和一神論》中可以看到，其中對被部下謀殺的論述，影響人類學和神學思想甚巨。他的廣泛的興趣奠定了他的文學和哲學的基礎，以至他後來的著作能夠對後人和衆多學科產生深遠的影響。例如他的《文明和不滿》，簡直是對社會的挑戰。

(三)「自由聯想」和「精神分析」

早年他只是一名醫生，作純粹的醫學研究。1882年，他與維也納精神病醫生布洛伊爾 (Joseph Breuer, 1842-1925) 一起工作。其時正值布洛伊爾在治療癔症病人安娜的過程中，取得了自己一生中最重要的收穫：在催眠狀態下，安娜的病情出現好轉的趨勢。布洛伊爾將這種治療癔病的方法稱爲「情感淨化」。「淨化」(catharsis) 一詞出自亞理士多德，布洛伊爾認爲，癔病產生於病人未意識到的某些心理內容，催眠可使這些內容得以再現於人的意識之中，從而使病人的心理得到「淨化」。

換言之，這是一種使無意識轉變爲意識的方法。

布洛伊爾把自己的研究成果教授給弗洛伊德，使弗洛伊德受到很大啓發，應當說，是布洛伊爾給了他創立精神分析理論的靈感。

此後，弗洛伊德探索出一種更注重心理因素的治療方法。病人不受醫生打擾地自由聯想，任意講述，這就是「自由聯想」(free association) 的方法，醫生的任務是幫助病人破譯這些聯想所隱藏的內容和意義，也就是幫助病人把無意識轉化爲意識。這也就是「精神分析」(psychoanalysis)。

(四)弗洛伊德的釋夢理論

1900年,《夢的解析》(*The Interpretation of Dreams*) 一書出版，轟動了學術界。書中不僅涉及了一直困擾著人類的夢

的問題，更對人的意識的游移有很精闢獨到的看法。姑且不論他的論點是否正確，毫無疑問，弗洛伊德是第一個發現這一無意識領域的人。

弗洛伊德認為，夢的發生，是願望受到壓抑後轉化而成的表現。人清醒時，所有的願望都受意識的監視，若為社會禮法所不允，或個人人格所不容，就轉入夢中而求得滿足。夢是願望的達成，不過經過了喬裝改扮，所以他認為夢實為精神分析治療最好的根據。

當然，不僅是夢，其他一些行為，如「遺忘」、「失言」、「東西放錯地方」、「笑話」等等，這些乍看起來微不足道的行為，或自由聯想的內容，實際上都和被壓抑的欲望有關。他的《日常生活的心理學》對這些作了精闢的分析，很受讀者歡迎。

(五)性欲和「俄狄浦斯情結」

弗洛伊德的理論震驚世界，與他對性欲的強調有關。精神分析學的泛性論特色確有駭世驚俗之效，喚醒了人們對人類本性的關注。他認為，人的行為均受性欲主宰，這一原始的欲望，是心理的無意識動力，是精神疾病的成因，也是人類創造力的源泉。他把許多動物性的本能歸之於嬰兒期的性衝動和敵意。他認為人在嬰兒期就有性的欲望，如果處理不當，或嬰兒無法滿足其對快感的需求， 在他長大成人之後， 那種需求便永遠潛伏在無意識裡，成為同性戀和性器崇拜的伏因。

弗洛伊德用「里比多」(libido) 來表示性能量。

為了證明他的泛性論的假說，弗洛伊德把希臘神話引證到心

理學中。最著名的就是俄狄浦斯殺父戀母的故事，他把這種心理現象稱爲「俄狄浦斯情結」(Oedipus Complex)。據說這種「戀母情結」是每一個男性都有的。同時，弗氏又援引另一個希臘神話，即厄勒克特拉的故事，來解釋女性同性戀的緣起，那是因爲她們都有「厄勒克特拉情結」(Electra Complex)，即「戀父情結」。

弗洛伊德的性理論激怒了許多人。其《性學三論》爲世人詬病最多，因爲書中論及成人的性變態與嬰兒期性欲的滿足與否有很大關聯，一時間，弗洛伊德好像成了萬國公敵一般。在以後的很多年裡，他都必需具備更大的勇氣來承受別人的詬罵和攻擊，但他從不反駁別人對他的批評。唯一的辯解，只是在《心理分析的歷史演進》中闡明他與反對者之間彼此信念的不同之處。

後來，弗氏又將性欲理論進一步發展，使之包含了人類愛的其他內容，例如親情、友誼、博愛等等，愛也有負面的，破壞性的一面。這些都是人類無意識的「原始欲望」。

(六)弗洛伊德的心理結構理論

「自由聯想」方法的運用，使弗洛伊德深入到人的心理內容之中，於是發現到無意識心理的重要性。他認爲，一切精神過程都是無意識的，「有意識過程只不過是我們的全部精神活動的個別表現」。

弗氏把心理劃分爲意識、無意識、前意識三個部分。若問: 既然人意識不到無意識，又怎樣認識無意識呢？弗氏爲此引入「前意識」概念，用以指那些已被遺忘的，但在特定情境下能夠

被回憶起來的內容。「前意識」是無意識，但由於它曾經是意識，因而存在著轉變爲意識的可能性。例如，通過在「自由聯想」中隨口說出的話，也就是語言，可以透視到那些話語所携帶的無意識心理內容。

在弗洛伊德較後期的著作（如《自我與本我》）中，人的心理結構被分爲三個組成部分：「本我」、「自我」、與「超我」。「本我」(id) 是無意識心理深層，遵循「享樂原則」。「自我」(ego) 是意識部分，遵循「現實原則」，但它常常管不了「本我」，於是又有「超我」(super ego) 代表自我理想和良心，是一道德監察官，遵循「完美原則」。三者的調和與否，影響一個人的行爲和言語。有時「自我」要表現的是爲社會所禁止的內容，就用「移情」、「補償」、「壓抑」的方式來調和心理的不平衡。

(七)「生存本能」與「死亡本能」

弗洛伊德在晚年提出，「生存 (eros) 本能」和「死亡 (thanatos) 本能」是人類兩種基本的無意識欲望。愛洛斯 (Eros, 希臘神話中的愛神) 是柏拉圖的用語，它是愛，是生存；騰納托斯 (Thanatos, 希臘文：死神的意思) 是死亡。這種生欲和死欲伴隨人的一生，是人的生命進程的原始動力。偉大的理論物理學家愛因斯坦 (Albert Einstein, 1879-1955) 曾經與弗洛伊德在通信中討論這個問題。

弗洛伊德的生欲和死欲理論與恩培多克勒的哲學很相像。他們都以兩種力量爲動力，又都用希臘神話中神的名字爲之命名。恩培多克勒 (Empedocles, 約西元前490-430) 是一個超凡入聖

的希臘哲學家，他爲了神聖的信念，縱身跳進了埃特納火山口。弗洛伊德從早年起就非常崇敬他。恩氏認爲，萬物發展的動力是愛和恨兩種力量，在這兩種力量的作用下，火、氣、水、土四大要素相互離合變化。恩培多克勒把愛的力量稱爲「阿芙洛狄忒」(Aphrodite, 愛與美之女神)，把恨的力量稱爲「阿瑞斯」(Ares, 希臘戰神)。顯然，弗洛伊德與這位希臘哲學家在思想上完全一致。

弗洛伊德，這位偉大的理性主義者和理想家，人類精神的醫生，一生致力於用理性控制非理性，清除精神的垃圾，淨化人類的心靈，卻在第二次世界大戰烏雲壓頂的悲慘時分與世長辭了。1938年春天，德國坦克越過奧地利邊界，維也納的街道上到處是奧地利衝鋒隊員，納粹分子好幾次來搜查弗洛伊德的寓所，他的女兒安娜還被抓去審問。猶太人遭到侮辱和迫害，「卐」字畫滿了通向他的寓所的街道。……精神錯亂取代了理性，嗜血和屠殺取代了心理健全。在祖國，在他生活了數十年的維也納，已經沒有了他的立足之地，他的全部著作已被列入焚書的名單。

最初在友人的幫助和美國總統羅斯福的親自過問下，弗洛伊德移居英國倫敦，在那裡直到去世。他的兩個親屬死於納粹的集中營。

弗洛伊德的思想對西方文化的影響是難以估量的。哲學泰斗維根斯坦 (L. Wittgenstein, 1889-1951) 曾說弗洛伊德是一個屬害的神話家，他是西方眞正偉大的人物之一，也是榮格心理學的先驅。要了解榮格，就不能不了解他。當然，他的理論並非盡善盡美，但世間對他的苛責和污衊有欠公正。

四、「集體無意識」：榮格的發現

「集體無意識」（Collective Unconscious）的發現是榮格對心理學的重要貢獻。弗洛伊德認為，無意識是被遺忘或壓抑而從意識中消失了的內容，其性質完全是個人的。榮格則發現，除了個人的無意識內容之外，心理中還有一部分內容從來不曾在意識中出現過，因而不可能是被遺忘或受到壓抑而從個人意識中消失了的內容。這部分內容並非來自個人的經驗，不是個人所習得的，而是通過遺傳而先天地存在的。

（一）「集體無意識」的發現

1906年，一位精神病患者向榮格描述了一些奇怪的象徵和荒誕的景象，榮格對這個夢百思不得其解。1910年，在一本古希臘莎草紙書上，榮格讀到了對類似的象徵和景象的描述，是不是那位病人早先讀過這本書而對榮格隱瞞了呢？但是，這種可能性並不存在，因為他被關進病院時，莎草紙書尚未被發現，而他向榮格講述那些幻象時，莎草紙書亦未被破譯。也就是說，那些幻象從來不曾在他的個人意識中出現過，因之不可能是因遺忘或壓抑而從意識中消失了的內容。事實上，那是他所不知道的古老的象

徵。

　　榮格自己曾經作過一個夢，　這個夢成爲人類心理結構的隱喻：榮格夢見一座兩層的房子。他所在的上層是一個擺著古式家俱，掛著古畫的沙龍。他走下樓梯，看到下層的房子很陰暗，布置也更古老，彷彿是中世紀的。他拾階而下，走進地下室，發現那是一座古羅馬時代的圓頂建築，地面的一塊石板上裝著一個拉環。他把石板拉起，順著石梯走下更黑暗的深處，來到一個積滿塵埃的石洞，洞裡有破碎的陶片和人的顱骨，好像是原始時代的文物。

　　1909年，美國克拉克大學邀請弗洛伊德和榮格去講學。在乘船遠航的途中，弗洛伊德爲榮格釋夢，認爲那兩個頭骨表明榮格暗暗希望某兩個人死亡，因爲按照他的釋夢理論，夢只是某種潛抑的願望的達成。後來，榮格在其自傳體著作《回憶、夢幻與思考》中寫道：

　　　　我很清楚那房子代表著一種精神現象，即代表著我當時的
　　　　意識狀況和意識附屬物。　沙龍代表意識，　它雖然古色古
　　　　香，卻有人居住的氣息。下面一層代表無意識的第一個層
　　　　次。我越往下走，　那景象就變得越怪異和越黑暗。　在洞
　　　　穴中，我發現了原始文化的遺跡。那就是在我自身之中的
　　　　原始人的世界——一個幾乎無法為意識所達到或照亮的世
　　　　界。人的原始心理鄰接著動物靈魂的生命，正像史前時代
　　　　的洞穴在人占有之前常常居住著動物一樣。

　　榮格認爲，正如人類的身體有其歷史一樣，人類的心靈也有

其歷史。他說:「我們的心理有一條拖在後面的長長的蜥蜴尾巴,這條尾巴就是家庭、民族、歐洲以及整個世界的全部歷史。」❶自遠古以來無數次重復的祖先經驗積澱在人類心理的深層, 就像榮格夢中的原始洞穴一樣, 形成了心理結構中不依賴於個人經驗的集體無意識層次。

無意識就是無意識, 那是意識所不了解的。誠如榮格所比喻的: 闌尾、胸腺等等是人生而有之的, 人的骨骼是從魚骨進化而來, 但人不知道這些, 知道了也會感到奇怪。意識自我不知道它並不是心理寓所的真正主人, 人們只能推測和假設, 試著建構一個可能的無意識結構模型。 因此,「集體無意識」理論只是一種假說。 但是,「集體無意識」這一概念並不是推測性的, 也非哲學性的, 而是經驗性的。

榮格很重視上述的夢, 他說:「我的夢就這樣構成了一種人類心理的結構圖, 它是構成那種心理的完全非個人的基礎。」

(二)「個人無意識」與「集體無意識」

榮格不同意弗洛伊德將夢的內容完全歸之於性創傷的釋夢觀點。他也不能同意把無意識僅僅當作意識的殘餘和廢棄物的儲藏庫。他認為無意識是母體, 是意識的基礎, 心理不是此刻才存在的, 其根源可以回溯到遠古洪荒時代。

榮格要探索個人無意識 (Personal Unconscious) 之外的那些非個人的無意識內容。 他把無意識區分為兩個層次: 表層

---

❶ 榮格,《分析心理學的理論與實踐》,頁87。

的，具有個人特性的無意識是個人無意識，其內容主要是情結；
深層的，非個人的無意識則是集體無意識，其內容主要是原型。

個人無意識是純粹個人的，包括被壓抑的欲望，被遺忘的經
驗，閾下知覺等內容。集體無意識則不是來自個人的經驗，不是
個人所習得的，而是通過遺傳而先天地存在的。個人無意識一度
曾經是意識，而集體無意識從來不曾在意識中出現過，它是徹頭
徹尾的客觀性。它與世界一樣寬廣，它向整個世界開放。

榮格的「集體無意識」理論，是對法國人類學家列維-布留
爾（Levy-Bruhl, 1857-1939）的「集體表象」理論的發展。

（三）「情結」與「原型」

「情結」具有心理能量和引力，能把一些觀念和情感吸引到
自己的周圍。人可以意識到它，也可能沒有意識到它。在個人無
意識裡有許多情結，但有些情結既屬於個人無意識，又屬於集體
無意識，例如「戀母情結」，關乎個人的母親時，屬於個人無意
識；關聯到原始母神甚或祖國和故鄉時，就是屬於集體無意識
了。

有些情結可能是人人都有的，但它們並不是個人的，而是集
體的，例如「救星情結」，榮格說：「整個人類都有這種對救星的
期待，……在意大利與德國，我們看到的是作為大眾心理的救星
情結。實際上，救星情結是集體無意識的一種原型意象，在我們
這個充滿災難、迷惘的時代，它自然又被激活起來，……」❷

---

❷ 榮格，《分析心理學的理論與實踐》，頁174-175。

　　「原型」(archetype) 又稱作「原始模型」，這一概念表明了集體無意識中無數確定形式的普遍存在。它是本能的無意識形象，是本能行為的模式。生活中有多少典型情境，就有多少個原型。無數次重複的祖先經驗嵌進了人類的心理結構，但它們在心理中並不呈現為有意義的形式，而首先是「沒有意義的形式」。一旦出現了符合某種原型的特殊情境時，該原型就會復活。

　　原型本身是空洞的，純形式的，只是一種先天的能力，一種先驗的表達的可能性。榮格把這種形式比喻為晶體的軸系，雖然軸系本身並不是物質實存，卻在母液中預先確定了晶體的結構。

　　榮格繼承雅各布‧布爾克哈特的傳統，曾使用布氏的「原始意象」(primitive and primordial images) 一詞來表述原型，後來才確定了「原型」這一術語。「原型」一詞則最早為亞力山大城的斐洛 (Philo of Alexandria, 西元前15/10-?) 所使用。西元二世紀的希臘基督教神學家聖伊里奈烏斯 (Saint Irenaeus, 120/140-200/203) 在其著作裡也談到「原型」:「世界的創造者並沒有按照自身來直接造物，而是按自身以外的原型仿造的。」西元四世紀的古希臘煉金術士佐西莫斯 (Zosimos) 編纂的巨著《煉金術大全》中，稱上帝為「原型之光」，雅典基督教徒狄奧尼修斯法官的著作中提到過「非物質原型」和「原型石」。榮格認為，「原型」就是柏拉圖哲學中的「形式」，由於它指出了集體無意識與原始時代就存在的形式，以及自遠古時代就存在的宇宙形象有關，所以採用「原型」一詞是很合適的。

(四)集體無意識——原型的寶藏

　　榮格心理學所揭示的集體無意識領域，酷似浩瀚無垠的宇宙，或是深不可測的海洋，其間蘊藏著極為豐富的寶藏，那就是形形色色的原始模型。經過了時代的變遷，這些原始模型逐漸地改變，發展成為思想形式，例如人格面具 (persona)、阿尼瑪 (anima)、阿尼姆斯 (animus)、陰影 (ombre)等等。這些術語，榮格是用拉丁文來表達的。

人格面具(persona)：

　　是人格的外層，是真正人格的面具，是由環境制約而形成並在他人面前表現出來的一種假象。它是人不可缺少的盔甲。persona 原是古代演戲時用的面具，榮格借用此詞來表述人類心理的一種原型。他說：「persona 是人們據以來和世界進行交流的適應體系及方式體系。」❸榮格研究了日本哲學家中江藤樹 (Nakae Toju, 1608-1648) 區分「真我」和「假我」的人格理論，以此為借鑒，而把隱蔽和掩藏「真我」的「假我」視為「人格面具」。

阿尼瑪(anima)：

　　其拉丁文原意是「魂」，阿尼瑪是男人的靈魂，但不是宗教意義上的靈魂，而是對某種人格內容的表達。它是男性的女性特徵，是男性無意識中的女性補償因素，也是男性心目中的一個集體的女性形象。榮格說：「在男人的無意識當中，通過遺傳方式

---

❸ 弗爾達姆 (Frieda Fordham)，《榮格心理學導論》，頁17，注3。

留存了女人的一個集體形象，借助於此，他得以體會到女性的本質。」❹ 他又說: 「『阿尼瑪』是一種原始模型形式，它的涵義是指這一事實，即一個男子身上具有少量的女性特徵或是女性基因。那是在男子身上既不呈現也不消失的東西，它始終存在於男子身上，起著使其女性化的作用。」❺

在與女人交往的過程中，男人的阿尼瑪得以顯現和表達，他又把她「投射」到女人的身上。但他所面對的女人當然未見得與他心目中的女人（原型）相符合，所以他總是感到不滿和沮喪。

阿尼姆斯(animus):

其拉丁文原意是「魄」，指女性的男性特徵。女人具有其潛在的男性本源，並經由遺傳，也獲得了男人的集體形象。如同母親往往是男孩的阿尼瑪的化身一樣，父親也常常成為女孩的阿尼姆斯的化身。以後，女人可能把阿尼姆斯投射到一個或某幾個男人身上。假如她不善於把實際上的男人與她的阿尼姆斯區分開來，那麼她也定會感到氣憤和遺憾。

陰影（ombre）或（英文: shadow):

黑暗的自我，人格中最原始的、低級的、近乎獸性的方面，源於生命進化的種族遺傳。這一概念的內容與弗洛伊德的「本我」(id) 相近似。陰影可以被形象化為個人的或集體的各種形象。英國作家史蒂文森 (R. Stevenson, 1850-1894) 寫過一部小說《傑克博士和海德先生》，小說裡的傑克博士設法把自身的「惡」分離出來。「惡」變成了海德先生。這位殺人越貨，無惡不作的海德先生，就是所謂的「陰影」。同時，不僅個人有陰影、

---

❹ 弗爾達姆，《榮格心理學導論》，頁50。

❺ 同上書，頁201。

集團、群眾、民族等等，乃至意識形態，也都有其陰影。換言之，每一個人的身上，都有一個原始的、本能的、獸性的人；每一種人格裡都有陰影，而且從古到今，無論是個人，還是集體的人、全體的人類，都無例外。與阿尼瑪和阿尼姆斯不同的是，在形象化和人格化時，女性的陰影化作女性而男性的陰影化爲男性。

如此說來，陰影是惡，是道德上的負價值。但是，只有魔鬼才沒有陰影，中國和外國的民間故事和傳說裡，都把沒有影子的人視爲變爲人形的鬼。陰影是個人和人類生而有之的，是不可消滅的，問題是如何對待它。榮格認爲，意識的陽光與無意識的陰影同時並存，西方宗教對善良的過度重視，容易使人在遇到矛盾時失去心理的平衡，反而走向極端，做出邪惡之事。撒旦(Satan)來自猶太宗教，它是沒有性別的。那麼，邪惡怎樣才能與善良統一起來呢？榮格的答案是把意識提高，人應當尋求携帶著陰影健康地生活的辦法。

承認陰影的存在，確實需要道德上的勇氣，更是一種「可敬的道德努力」❻。歷史上發生過無數可怕的騷亂、暴行、屠殺等集團無意識行動，例如德國納粹黨對猶太民族殘酷的種族滅絕的罪行。還有某些宗教的集體指向，往往也是非意識的，與法西斯政府的集體無意識行動大同小異。榮格一向非常警惕那種「集體無意識」，所以在政治上，他堅決反對「政教合一」的權力。多少令人髮指的罪惡假高尚之名而行，人類應當正視自身的邪惡，以便尋求對立面的調和與內心的平衡。

榮格分析的原型還有「老智者」(wise old man)、「老祖

---

❻ F. 弗爾達姆，《榮格心理學導論》，頁48。

母」（grande-mere）和「自身」（Self, 又譯為「自己」或
「己」）等等。

「老智者」是一智慧老人，一個醫生（medicine-man）或
一位導師，「老祖母」則是一個女性救助者和庇護者, 但這個原
型都具有潛在的破壞性。被這種原型控制的人，可能會做出許多
好事，也可能會患偏執狂和誇大狂等病症。

「自身」（self）是人的心理核心, 強調的是人的心理完整
性。 在榮格心理學中，「自我」（ego）只是人的意識中心，「自
身」才是整體心理的中心。

古代印度哲學給予榮格深刻的影響。《奧義書》（*Upanish-
ads*）所載的吠陀教義, 非常注重個性的完整，遂啓發了榮格用
「自身」這一術語來命名這一表達心理完整性的原型。他還指出，
古代印度的哲學概念「卡瑪爾」（精神始基），對於深刻理解「原
型」的本質具有非常重要的意義❼, 由於曼荼羅（mandala）是
宇宙的圖象，體現了古代印度人關於萬物集中的觀念，所以榮格
特別重視曼荼羅，將它作為「自身」原型的象徵。

曼荼羅原是一梵文術語。其圖象是同心狀的，或圍繞著一個
中心的, 有圓形也有方形，或圓形中內接方形。在世界各地的原
始宗教中幾乎都可發現它的痕跡，它是印度教和佛教的法物，信
徒借助於它的魔力而進入冥思。中世紀初的基督教曼荼羅有東南
西北四個方向，基督在中央、曼荼羅具有心理治療的作用，榮格
說過：「保護性的圓圈 —— 曼荼羅, 是對頭腦混亂狀態的一劑傳
統的解藥。」❽

❼ 雷賓，《精神分析和新弗洛伊德主義》，頁80，注 1。
❽ 榮格，《心理學與文學》，頁59。

在一段很長的時期裡，榮格每天畫一張曼荼羅，而且他非常珍視他畫的那些圖畫，把它們小心地保存起來。

榮格還認為，歌德的《浮士德》、尼采的《查拉斯圖拉》，是對「自身」原型的表達。

除了上述諸原型外，榮格論及的原型還有很多。例如「俄狄浦斯情結」就是一個原型。在弗洛伊德的性理論中，「俄狄浦斯情結」占有極其重要的地位，而且已經成為一個家喻戶曉的用語。但在榮格看來，它只不過是諸多原始模型神話之一，只不過是人類諸多行為方式之一，並非如弗洛伊德所強調的那麼重要。原型不勝枚舉，如雅典王子提修斯（Theseus）和大力士神赫拉克勒斯（Heracles），就是人類良好行為的原始模型的神話。

榮格對集體無意識和原型的揭示，極大地拓展了無意識心理學的研究領域，使深層心理學容納了深廣的歷史文化內涵，也不能不對神話學、宗教學、文學藝術和文藝理論等人文學科產生巨大的影響。這一理論突出地表現了榮格深刻的歷史感。

(五)心理類型

集體無意識揭示了人類共有的心理層面，但是從個性心理的角度看，人與人之間卻存在著差別。有時，這種差別是很大的，甚至正好相反。榮格童年時就看到自己的雙親在個性上的差別。父親和母親恰好相反，父親嚴肅、抑鬱、忍讓，母親則熱情、快樂、有時咄咄逼人。在思考自己與弗洛伊德的分歧時，他不能同意心理只是外在世界的反映或外部事件的記錄，夢也只是童年的經驗。榮格覺得自己注意的重心是內在的真實，而弗洛伊德注重

的是外在的真實。由於他與弗洛伊德各有不同的心理趨向，也就不能不各有不同的思路和思想。

榮格認為，不包括「人差」的心理學是「沒有靈魂的心理學」；「有靈魂的心理學」必然會因人們在觀察上的差別而有所不同。因此，「有靈魂的心理學」可以有多種而非一種，不同心理類型的人可能建立不同的心理學。

不唯如此，不同心理類型的人還可能建立起不同的哲學、美學等等理論。

在1921年發表的《心理類型》裡，榮格把個性心理區分為兩大類：外傾型和內傾型。他指出，每個人身上都有這兩種傾向，沒有純粹內傾或外傾的人。但在一定時期內，總有一種傾向占主導地位。外傾型的人的心理能量（里比多）向外流動，對環境、事物、周圍的人等等感興趣，有良好的適應能力；內傾型的人則相反，其心理能量向內流動，對外在事件不感興趣，固守著自己的內心世界，認為心靈具有更高的價值，常常難以適應環境和社會。

榮格還看到，這兩種類型雖然是互補的，卻往往處於尖銳的對立之中。人們總是尋找相反類型的配偶，優勢互補，相得益彰，雙方滿意，但不久就會互不理解，互相指責，直至離異。而且公說公有理，婆說婆有理，無人能夠判清他們的官司。再看人類歷史上各執一端而又無止無休的唯物與唯心、經驗與理性、現實與浪漫等等主義之間的鬥爭，除其他因素之外，其心理學上的根源，正是外傾與內傾兩大心理類型的對立。榮格說：「我們在天性上就是傾向於按照我們自己的心理類型的指向來理解每一件事情的。」

　　所以弗洛伊德心理學是外傾的，其重點在人與外在世界的關係；阿德勒的心理學是內傾的，其核心是「權力意志」。而在美學觀上，外傾的人必然會認定美是客觀的，內傾的人自然也會堅持美是主觀的。

　　榮格又指出心理的四種功能：感覺、思想、情感、直覺（「心理功能圖」，見圖一）。四種功能與外傾內傾兩個類型相組合，就有了八種功能類型。如圖表所示（「心理類型表」，見圖二）：每個人不一定被局限在一種功能類型裡，但一定會有某一種功能類型起主導作用。榮格認為，人總是本能地運用他的最佳功能，但也應當努力使自己得到全面均衡的發展。

```
              思      想
              │
  直　覺 ──────┼────── 情　感
              │
              感      覺
```

圖一：心理功能圖

外　傾　思　想　型	內　傾　思　想　型
外　傾　感　覺　型	內　傾　感　覺　型
外　傾　情　感　型	內　傾　情　感　型
外　傾　直　覺　型	內　傾　直　覺　型

圖二：心理類型表

　　榮格批評西方過於外傾。他去過美國多次，覺得有些美國人無法在家裡安安靜靜地待上五分鐘 。 他說：「美國具有地獄般可怕的外傾性。」❾ 內傾的人在美國沒有地位。

　　榮格主張在現代，人類要更注重自己的精神生活，否則是非常危險的。 威脅人類的不是自然災害， 而是人類自身的心理病態。「從本質上講，沒有類似氫彈一樣的東西，一切皆人類所為。我們即是最大的危險，精神是最大的危險。」❿

---

❾　榮格，《分析心理學的理論與實踐》，頁214。

❿　同上。

五、智者，預言家和煉金學家(1912-1928)

　　從1913年起，經第一次世界大戰到二十年代，是榮格進行艱苦的內心探索的時期。

　　當他於1911年發表《變形的象徵》第一部分時，還得到了弗洛伊德的贊同和好評，但在1912年發表的第二部分裡，他對「里比多」提出了不同看法，從而激起了弗洛伊德的忿怒。弗洛伊德認為這是榮格的「俄狄浦斯情結」在作怪，想要「謀殺」父王而踏上王位。

　　榮格失去了弗洛伊德的友誼，也失去了國際精神分析協會的朋友。他深深地陷於孤立和孤獨，內心經歷著難以承受的崩潰與衝突，對自己的研究成果，對自己不斷進行的探索，以至於對生命的終極價值都發生了懷疑。僅在兩年之前，他還是一個婚姻美滿，事業成功，前途無量的科學家和醫生，國際精神分析學界的一顆耀眼的新星，即將繼承王位的「皇儲」，現在卻被拋棄在無邊暗夜，忍受著內心風暴的吹打與煎熬。

　　但他勇敢地接受了命運的挑戰。從童年起，他就是孤獨的，孤獨還將伴隨他充滿想像力和創造力的一生。孤獨是他的創造性的源泉，也是一個知他人所不知，發他人所未發的智者和先知的命運。

他的生活面臨著巨變。

(一)「這火一樣的熱情重塑了我的生命！」

　　他在1909年偶然得到的一本十九世紀的書，弗里德利希·克洛伊澤 (Friedrich Creuzer) 的《原始民族的象徵與神話》 (*Symbolik und Mythologie der alten Völker*, 1819, Leipzig)，激發了他的靈感，使他對自己的內心體驗和臨床經驗，對遍布世界各地的神話與象徵，都有了全新的發現。由此，他的研究工作從研究個別案例轉向歷史文化和神話學的廣闊領域。1912年寫《變形的象徵》時，無數意象強烈地控制了他，使他無法停筆。他後來說：「這是一次在弗洛伊德心理學及其狹隘觀點的令人窒息的環境裡，找不到歸宿，沒有喘息空間的全部心理內容的爆發。」

　　他以最快速度完成了這部里程碑式的著作。此後，他深深沈浸於可怕的回憶、幻覺與夢境，種種神祕的體驗已使他無法繼續講學。為了「面對無意識」，為了繼續進行自己的心理探險，他於1913年辭去了蘇黎世大學教授的職務，同時減少了行醫活動。

　　榮格知道，心理的內投 (introversion，向內投射) 是非常危險的。深入到無意識心理深層需要身披閃光甲冑的武士，需要英雄戰龍般的勇氣，榮格所說的勇不是打仗的勇，而是人面對黑暗的勇氣。他是一流的精神病醫生，如果他自己不能保持自己的心理健康，又怎樣為病人解除痛苦？他不願也不能半途而廢。他充分運用自我分析的方法，積累著寶貴的心理經驗，以此作為他對心理學的貢獻。他說：「我的整個生命就是尋找未知的事情，

使平庸的生活帶有意義。」

　　為了調節自己的心理狀況，他進行瑜珈練習，又常到湖邊玩泥沙，像幼年時那樣，長時間地用泥土、石塊和樹枝建造城堡和村莊、房屋、教堂和橋梁。後來還作石雕，畫圖畫。雖然這時他已是近四十歲的成年人了，他還經常外出漫遊或旅行。

　　在這一充滿痛苦的時期裡，他的妻子給了他莫大的支持和幫助。1912年，榮格與一位女病人托尼‧沃爾芙 (Toni Wolff)相愛。他說他愛他的妻子，也愛他的「靈魂的姐妹」托尼‧沃爾芙，榮格與托尼的關係持續了五十年。是愛瑪‧榮格使他得以維持美滿的婚姻和一個溫暖的家庭，當然，榮格的其他朋友也給了他巨大的支持和鼓勵，其中最重要的一位就是托尼‧沃爾芙。

　　托尼是一個內傾的人，她原是榮格的一個病人，在榮格「面對無意識」期間與他建立了友誼。後來她也成為一位分析心理學家，並擔任1916年榮格在蘇黎世成立的心理學俱樂部的主席。據說她並不非常漂亮，但很像是一位女神。

　　在自傳裡，榮格這樣談到這一具有奠基意義的時期：

　　　　追尋內部意象的那些年正是我生命中最重要的一個階段……在那些年裡，基本的事情都已經決定了，一切都從那時開始。以後的細節都是對材料的補充和解釋。那些年的材料都是從無意識中爆發出來的，並且最初都使我震驚，它是我一生工作的第一手材料。我花了四十五年時間才在科學工作這一容器中提取了我經歷過的事情並把它們記錄下來。作為一個青年人，我的理想就是在科學上取得一些成就。但是突然遇上了這股岩流，這火一樣的熱情重塑了

我的生命。

(二)「面對無意識」:「第一人格」與「第二人格」

早在童年時代,榮格就發現自己的母親好像是兩個人。一方面,她是一位好媽媽,令人感到愉快而溫暖;另一方面,「她卻表現出一種無意識的強烈個性,她也有一個陰暗面,並有不可觸犯的權威性」。後來榮格又發現,自己其實也是兩個人:

> 在內心深處,我知道自己是兩個人,其中的一個是父母的兒子。上學時,不像其他男孩那樣聰明,注意力集中,也不像他們那樣用功,禮貌,乾淨。另一個則是成人,實際上已經是老了的人……懷疑一切,不相信任何事情,遠離人世;但接近自然,土地,太陽,月亮,天空以及所有的生物,尤其是接近夜晚,夢境和直接顯現在腦海裡的眾神。

榮格後來把外在的意識人格稱為「第一人格」;而把內在的、神祕的、無意識的人格稱為「第二人格」。第一人格使他傾向於科學和醫學,在科學上取得成就;第二人格則使他不斷地返回到自己的內心,返回到人類精神和靈魂的歷史及其奧祕。他曾讓第一人格走向世界,而把第二人格隱蔽起來。他也曾在精神病學領域,找到了使兩種人格所帶來的兩種興趣得以匯聚的「河床」。而且在這一領域裡,他也已經功成名遂,名揚歐美。但是,當無意識意象勢不可擋地向他襲來之時,他已無可能而且也不願意繼

續維持原狀，他盡可能地退出了外在的生活。他的第二人格終於
占據了前景，「里比多」向內回撤，此時他所面對著的，是一個
內在的、神祕莫測的無意識世界。

(三)幻覺與夢想

1913年初，榮格反覆夢見屍體，但總是死了的還活著。屍體
放進火葬爐，可是發現它是活的。他在墓地裡行走，看見墳墓裡
躺著騎士的乾屍，但在他的注視下，這些乾屍活過來了。對這些
夢幻，弗洛伊德可能會認為是反映了他被壓抑的反導師願望，但
榮格將之解釋為一種對自己的暗示。暗示他必須與自己的文化和
歷史根基相認同。

他還有兩次這樣的幻覺：第一次是北極寒風使歐洲荒原的綠
色植物凋零。第二次是霜凍的樹葉變成了甜美的葡萄，他把葡萄
摘下來，分發給等待著的眾人。榮格認為這是對他的使命的啓
示：他應為西方基督教文化帶來新的生命。

榮格心理學很重視夢幻，但不是像弗洛伊德那樣視夢為往昔
經驗的復現。榮格認為人有許多的夢是指向將來的，因此夢常常
會有預言的作用，成為對將來某些事件的預示，和對個人、社會
與人類的提醒❶。

1913年10月，即第一次世界大戰爆發的前九個月，在幻覺
中，榮格看見歐洲被一片「血海」所淹沒。他正在乘火車旅行，
突然看見滔天洪水裏挾著許多屍體沖向歐洲。洪水淹沒了鐵軌，

---

❶　約翰‧拉斐爾‧施陶德，《心理危機及成人心理學》，頁46-48。

又吞沒了大片土地，最後變成血的海洋。當洪水冲到瑞士邊界時，阿爾卑斯山自動升高，好像是在保衛瑞士的領土。這種幻覺持續了一個多小時。

兩週後，同樣的幻覺又出現了，歐洲陷於一片「血海」。一個「內在的聲音」說道：「好好看看吧，這完全是眞的。一切將會如此，你不要懷疑。」

榮格曾對朋友說，在夢幻中被洪水淹沒的那些國家，後來都被捲入了戰爭的漩渦；而洪水未至的國家，如荷蘭、丹麥、斯堪的那維亞半島，後來都是中立國。但當時，榮格並未想到戰爭，他想也許要爆發革命❷。

1913年12月，榮格進行了一次實驗，從中發現了一種面對無意識，並使意識與無意識保持平衡的方法。後來，榮格把這種方法稱爲「主動想像」(active imagination)。幻覺與夢想基本上是無意識的自主活動，都是某種「被動想像」，意識自我只是被動的觀衆。而「主動想像」是意識參與其中，自我起一種主動作用。意識不可能隨心所欲，卻可與無意識交流和爭辯（德文爲 Auseinander-setzung)。

榮格心理學有三種精神治療的方法：1.聯想試驗；2.夢的解析，認爲這是通往無意識的最佳途徑 (royal road to the unconscious)；3.主動想像。

主動想像方法可用於兩方面：實用於日常生活，或深入個人的「己」(Self，自身，自性)。深入「己」是一種內投 (intro-version，向內投射)，進入內心，進入宇宙，來找尋深藏的意義

---

❷ 芭芭拉‧漢娜，《榮格的生活與工作》，頁107。

(deep meaning)。

在西方歷史上，狄奧尼修斯法官 (Dionysius the Areopagite, 一世紀的基督教徒) 曾嘗試過內投而視到光亮，視到深沈黑夜的靈魂、宇宙的深淵、太空的深奧。那是潛入深沈黑夜的原型 (archetypal of into the deep dark night)，西方思想暗潮的高峰 (acme of negativa)，人轉向內而見到宇宙之廣大。

後來榮格發現，繪畫可以代替「主動想像」，但那不可能是塵世的視野。

與榮格同輩的英國哲學家懷特海 (Alfred North White-head, 1861-1947) 也認爲，深深的反省可能把心靈帶進深層的宇宙結構，而找到「己」，並看到世界是大同的。

(四)實地考察

關於「面對無意識」這段時期，榮格曾說：「人們可以說，每天晚上我都到那富於意義的河底去，但早晨起來，我又換上了榮格博士的外表，而且也生活得盡可能更加美滿。」隨著第一次世界大戰接近尾聲，榮格「面對無意識」的持續努力也已基本完成。他早就有一個願望：離開歐洲，到一個非歐洲的和非基督教的國家去，去親眼觀察異地風俗和異族文化，同時也改換一種眼光來看歐洲。

1920年春天，榮格同一個做生意的朋友到北部非洲旅行。他們從阿爾及爾上了岸，又乘火車沿著海岸去突尼斯。榮格雖然會多種語言，可以在歐洲和美國暢行無阻，卻不懂阿拉伯語。榮格

特別喜歡坐在突尼斯的咖啡館裡，長時間地傾聽人們的談話，觀察他們的姿態和表情。同行的朋友做生意去了，他獨自一人去沙漠旅行。後來他找了一個嚮導，騎著騾子來到內夫塔綠洲，看到了信奉可蘭經的當地人。榮格覺得自己是到了一個天眞無邪的年輕的世界。他感到，陽光能使事物變得清晰可辨，而在月光下，各種事物融合爲一個神祕的整體。

在土爾其的最後一夜，他夢見自己在一個阿拉伯城市裡，四周圍著城牆，中央是環繞著護城河的城堡，有一木橋通向城堡的大門。他想穿過木橋到城堡裡面去，卻被阿拉伯王子擋住。王子把他打倒，並要淹死他。他開始反抗，終於使王子甘拜下風，而且不得不讀一本榮格用「西土爾其斯坦的維吾爾語」寫的書。榮格認爲這個夢是他非洲之行的「總結」。王子是「自性」的陰影，是與菲利門（Philemon）相對應的另一面。他要在非洲尋找他的人格中因身爲歐洲人而被壓抑了的部分，現在，阿拉伯的環境已喚醒了原型的記憶。

1924-1925 年，榮格出訪新墨西哥州，與原始部族普埃布洛印第安人交談。這些印第安人對他們的宗教儀式滿懷激情，在他們的心目中，太陽和山川河流是神聖的。

1926年，榮格又去了肯尼亞、烏干達等地，遊覽了厄爾貢火山，又經尼羅河到埃及。他在尋找失去的靈魂，體驗遼闊、靜寂而恐怖的原始世界。「無邊的初始的靜寂，世界像它曾經天天如此的那樣，在一種非生存的狀態當中。」

後來，在加爾各答大學二十五週年校慶（1938年）時，榮格應印度政府的邀請去印度訪問，並參觀了莫臥兒皇帝沙賈汗爲其寵后修建的陵墓泰姬陵。喜馬拉雅山和泰姬陵使他驚嘆不已。他

清楚地領會了穆斯林教與基督教之間的區別：穆斯林教的基礎是厄洛斯（Eros，愛神），是女性原則；基督教的基礎是邏各斯（Logos，聖子耶穌，或理性），是男性原則。在《神祕結合》一書裡，榮格指出，太陽和月亮這兩大天體是上述兩種原則的原型。

榮格說，他有一個紅印第安朋友，是美國西南部一個印第安村的村長。他對白人作了這樣的評論：「我們不了解白人；他們老是渴求東西……老是坐立不安……老是追求某種東西。……他們有尖銳的鼻子，薄而殘酷的雙唇，臉上的紋路那麼多。我們看來，他們簡直像是瘋子。」❸

榮格沒有到過中國，但從他的偉大的朋友理查德‧威廉（Richard Wilhelm）那裡，他也了解到中國的一些文化現象，威廉給他講了一個親身經歷的故事。理查德‧威廉到過中國的一個偏遠的村莊，正逢那裡遭受大旱之苦，村民們用盡各種辦法祈雨也無濟於事。村裡最年長的老人對威廉說，只有一個辦法了，就是從遠方請一位會呼風喚雨的人。他們把那個人請來了，威廉看見從一輛遮蓬馬車裡，下來一個矮小的乾癟老頭，他在村外的茅屋裡躲了三天。三天之後，終於下了一場傾盆大雨。

威廉非常驚奇，他去問求雨的老頭，是否他真的會求雨，老頭說他當然不會求雨，但他是一個道教徒。「我來自一個地區，那裡一切都井然有序，天當雨即雨，需晴則晴，老百姓也循規蹈矩地過日子。可這裡的人們就不同了，他們既不信道教，也不相信自己。剛到這裡時，我立即受了他們的影響，所以不得不一人

---

❸ 榮格，《現代靈魂的自我拯救》，頁320。

獨處，直到我再次入道，後來很自然，天就下雨了！」❹

　　榮格對這個故事非常重視，他多次在公開場合講述這個故事。

(五)原型、神話與象徵

　　在榮格心理學中，「象徵」是與「原型」密切相關的一個非常重要的概念。「原型」作為「純粹的形式」，是如何表達的呢？不同時代、地域、人種的所有的「原型」，都是通過「象徵」來表達的。人們用比喻來表達意識內容，也用象徵來表達迄今無法認識而只得猜測其性質的無意識內容。換言之，對於那些無法達到「科學認識」的現象，人們完全可以做出「象徵性的理解」。發現於世界各地的、不同時代和不同人群的形形色色的神話與象徵，都表達了人類心理的無意識原型，由此即可理解榮格何以如此重視神話與象徵了。

　　榮格認為，「象徵」是心理最深層的本體的存在。榮格通過「象徵」而發現到「原型」，也通過「象徵」來闡釋「原型」。榮格指出：「原型是一種象徵的說法，它或是在沒有意識概念的地方，或是在依其內部根據或外部根據都不可能有這些概念的地方發揮其作用。」❺ 他又指出，象徵不是某種隱祕的東西，而是人所共有的基本欲望或意向的外部特徵。「象徵的意義在於，試圖用類推法，闡明仍然隱藏於人所不知的領域，以及正在形成的領域之中的那些現象。」❻

---

❹ 芭芭拉・漢娜，《榮格的生活與工作》，頁128。

❺ 榮格，《心理類型》。

❻ 榮格，《分析心理學選集》，卷3，頁243。轉引自趙璧如主編，《現代心理學的方法論和歷史發展中的一些問題》，頁447。

　　在神話、傳說和原始藝術中，可以看到無數意象和象徵。在榮格心理學的形成過程中，對這些神話和象徵的研究具有極其重要的意義。《變形的象徵》一書的寫作使他實現了從個人性理研究到人類心理研究的根本轉變。他所提出的問題是：神話存在於生活中有何意義？生活中如無神話又意味著什麼？什麼是「我」的神話，「你」的神話，以及生存著的人們的神話？……

　　榮格的基本觀點是：第一，由於人類具有共同的神話原型或規範，因之它們所表達的，既不是局部的社會狀況，也不是任何個人的特殊經驗，而是人類共同的需要、本能和潛能。第二，在每個民族的傳統中，局部狀況提供必要的意象，原型主題由此得以在支撐其文化的各種神話中展示出來。第三，如果生活方式和個人思想違背了人類的規範，就會引發失衡的病態，神經病或精神病，也會出現類似於神話片斷的夢和幻覺。第四，對這些夢的最好的解釋，不是向後追溯被壓抑的幼年時期的記憶（還原為自傳），而是要向外與類似的神話形式相比較（擴大到神話學），以使受到困擾的人能夠學會從人類精神之鏡裡看到他自己人格的形成，並通過類比來找到其自身實現的途徑❼。

　　幾乎整部榮格心理學都是以神話為基礎的。諾斯替教有四個主要的神話：一是《珍珠之歌》(*The Hymn of the Pearl*)，在下一章裡將作詳細介紹；二是《劣神神話》(*The Myth of the Demiurge* 或 *The Myth of Tyrant Angels*)，是說世界是劣神創造的（科技等等皆是劣神的產物），邪惡來自 archons（行政官員）。榮格視劣神為「自我」(ego)、未成熟的人格、「陰

---

❼　坎貝爾，《榮格・編者序言》，頁22。

影」(shadow) 等等。第三個是《蘇菲神話》(*The Myth of Sophia*)，智慧女神犯了錯誤，使劣神誕生。她有智慧，認識到劣神的惡作劇。智慧即是「諾斯」(Gnosis)，知道我們是從那裡來的和知道劣神的弱點等等。人在矛盾和苦難中，就會有蘇菲出現。觀音、聖母馬利亞等皆是蘇菲的化身。第四是《救主神話》(*The Myth of the Savior*)，來自彌賽亞的觀念 (messiah idea)。耶穌是個導師，他指出人的弱點。他發明「出神」(ecstasy)，使人超越世界的痛苦。他說：They failed to appreciate me, bacause I am from another race. (他們不懂我，因爲我是來自另一國家的。)

榮格文集最後一卷名爲《象徵的生活》("The Symbolic Life")，題名出自 1939 年 4 月 5 日榮格在倫敦牧師心理學會 (Guild of Pastoral Psychology) 上的講話。因爲榮格曾經說過，在神經病患者中，天主教信仰者要比信清教者人數爲少，該會請榮格去解答這一現象的原因。榮格說，每個人最終都可能患上神經病或精神病的，這是時代進化所產生的問題。例如尼采，就有心理矛盾，以至到老年時已發展到無藥可醫的精神病，終於沮喪而亡。東方宗教含有豐富多彩的象徵和儀式，如日化禪、印度宗教等等。西方也有煉金術士。由於天主教比清教有更豐富的象徵和儀式，所以天主教的信仰者較少患精神神經病。

正如中國聖人所說，老年人有病要去見哲人，醫生也不能醫的。猶太人就要去見教師 (rabbi)。榮格說神學家並非治病的人，因爲他們不實際。因此我們要有一豐富的象徵和儀式體系，以滿足表達靈魂之需要。當今生活太過枯燥，物質生活太過平常，人要求轉變 (transformation)，然而那是理智所不能達到

的。俗人往往去找占星術、占卜算命等等。神不會死的，所以我們要認識象徵與我們內藏之表達的關係。我們仍然困於十九世紀的追求，我們應當超越平常的價值，以新的價值標準來判斷 (transvaluate the values)，而不能被困在某一概念之內。耶穌是自性的象徵 (Christ is a symbol of the Self)，是一個「神媒」(alchemical vessel)。我們每天皆要經過「轉變」的過程。最偉大的象徵是「我自己的象徵」(symbol of ourself)。

六、諾智派與煉金術

中斷了與弗洛伊德的友誼使榮格非常痛苦。「面對無意識」是靈魂的探險，他渴望著一位精神上的導師，他不否認弗洛伊德的理論給了他一個出發點，但是現在，他已經無法繼續追隨這位偉大的心理學家了。

這一時期就像是煉金術中所說的「黑暗時期」，那是反省（metanoia）和心理上的物極必反心態（enantiodromia）的開端的過程。伴隨著他的是孤獨、迷茫甚至恐怖。於是榮格轉向古代，在「智慧老人」的原始意象中尋找嚮導，在諾斯替教（Gnositicism，又稱「諾智派」）和煉金術中尋找自己的同道。他看到，被基督教壓抑了的無意識原始意象，正是在這些「異端」的宗教運動中得到了充分的表現。

(一)精神導師菲利門

在一次幻覺實驗中，他下降到地獄旁邊，遇到長著白鬍子的智慧老人伊利亞和美麗的姑娘莎樂美。榮格說，伊利亞代表他自己的內心智慧，莎樂美代表他的感情，後來伊利亞變成菲利門出現在他的夢境：

天空像海一樣，藍藍的，沒有雲彩，卻布滿了扁平棕色的土塊。土塊看上去要斷裂，藍藍的海水從裂縫中就可以看到。突然右邊出現了一個有翅膀的動物，飛過天空。我看到那是一個長著翅膀的老人。他手持一串鑰匙，攫著其中的一把，好似要打開一把鎖。他的翅膀顏色和翠鳥一樣。

伊利亞是西元前九世紀的希伯萊先知，菲利門是使徒保羅的朋友，這兩個形象都是「智慧老人」（「老智者」）的原型。

在同榮格交談時，菲利門向他揭示了精神與靈魂的祕密。榮格向菲利門說起自己的一些想法，好像這些想法是他自己創造出來的。可是菲利門告訴他說，思想就像森林裡的動物，它們就在那裡，或者說，就像屋子裡的人，「如果你看到了屋子裡的人，你不會想到是你創造了那些人，也不會想到要對他們負責任。」

菲利門的話給了榮格深刻的啓示，使他認識到精神的現實性和心理的客觀性。正如一位學者所說：「對無意識的調查研究正與其他任何學科一樣，你只能研究所存在的東西，僅僅是那些出現在你的森林裡的特殊的動物（用菲利門的語言）。然而，許多人雖從森林穿過，卻並不知道那兒有動物（這些動物常常目不轉睛地察看著他們），……」❶

在《浮士德》裡，浮士德爲了實現物質的進步，而把一對老夫婦殺死，那對夫婦就是菲利門和他的妻子。榮格由此看到了「浮士德文化」，卽斯賓格勒所說的「科技德國文化」的弱點。

榮格的繪畫技巧很高，他把看到的菲利門形象畫了下來，收

---

❶ 芭芭拉・漢娜，《榮格的生活與工作》，頁122。

藏在他的「紅色手册」（榮格私人的祕藏資料）裡。榮格畫的「菲
利門圖」圖中，鷹翼象徵荷洛斯，天空是藍色，菲利門踏在耶路
撒冷金頂山上，那是亞伯拉罕殺子獻神之地，菲利門是站在一塊
神聖的石頭上。上帝曾對亞伯拉罕說：你肯幹就行了，不必殺死
你的兒子，這樣人類的子子孫孫就可以繼續地生存下去！顯然今
天社會上的人們似乎已經忘記了這個祕密。

在圖畫的左側，榮格寫下《薄伽梵歌》中的克里斯納（Kris-
na）神的話：

當世界處於危機之時，我就降下來救回那些有神心的人群。

1916年 6 月，一個星期天的下午，榮格和女兒在家裡，覺得
屋裡有幽靈出沒。門鈴響了起來，卻不見來人，這時，房間裡擠
滿了幽靈，榮格非常緊張，大聲間道：For God sake, what
is the world is this? 只聽得幽靈答道：「我們從耶路撒冷回
來，在那裡沒有找到我們想要尋找的東西。」

於是榮格就鬼使神差似的，半夢半醒地用「自動書寫法」做
著記錄，並把這些記錄放到「紅色手册」裡。

他想把菲利門的智慧，他自己的內心智慧表達出來。

(二)《向死者七次布道》

1916年末，榮格用了三個晚間就寫出了他基本上最重要的作
品《向死者七次布道》。寫作時如有神助，就像尼采寫《查拉斯
圖拉如是說》時一樣。1917年，他將這篇著作私人印製出版，其

中一小册流傳到德國作家赫爾曼・海塞（H. Hesse, 1877-1962）手中，海塞採用榮格的故事寫了一卷著名的小說《徬徨少年時》（*Demian*），其中說及「新神阿卜拉克薩斯」（a new god, Abraxas）。海塞在第一次世界大戰之後，爲陷於失望的歐洲人找到了一個新神，因之此書十分暢銷，飲譽甚大，並曾獲諾貝爾文學獎，對歐洲文化影響甚巨。但是海塞並未承認榮格對他的影響。

榮格晚年時，把《向死者七次布道》收入《回憶、夢幻與思考》中，據說是很勉強的。而榮格的兒子否認他父親曾寫此書，這確是耐人尋味的事。

1975年，爲紀念榮格一百週年誕辰，許多榮格學者到洛杉磯集會。他們肯定了《向死者七次布道》的重要性，認爲它是榮格潛入無意識所見到的心象和象徵的記錄。

《向死者七次布道》是榮格進入無意識領域的記錄，也是榮格私人心理變化（transformation）的記錄。該書本來就是朦朧黑暗的，是榮格准許在他生時出版的唯一一份祕藏資料，榮格一生並未明確地指出自己的思想是諾斯替教的，但西方一直沒有懂得諾教，是榮格的察覺和心理學使得他們全懂了。榮格的個人與宗教心靈的滋長，經過兩次世界大戰殘酷的作祟，在二十世紀依然附著於全世界人們的心靈上。現代人需要實際地綜合宗教和哲學的答案。

《向死者七次布道》最初是以筆名巴西里德斯（Basilides）出版的。巴西里德斯是敍利亞人，在東西文化碰頭的古亞力山大城（Alexandria）執教，他是西元二世紀時諾斯替教的領袖。黑格爾曾稱他爲最富於創造力的諾斯替教師。巴西里德斯認爲，

至高神是無法用語言形容的，它從自身溢出各種靈力，人本來與神同在，但後來墮落了。人與神的所在之間相隔三百六十五界，統治這三百六十五界的就是阿卜拉克薩斯神，阿卜拉克薩斯神的形象是一隻小公鷄。榮格欣賞公鷄司晨的精力，而把它視爲心理學上的一個原始模型。

榮格接受了諾教思想，認爲人應當把精神的門戶打開，讓那些幽靈進來教訓我們，那些幽靈永遠不舒服，他們是死不瞑目的一群。諾斯替教受過柏拉圖的影響。人有兩個魂，ba soul 和 ka soul, ka soul 在人死時飛出來，這是古埃及的概念，認爲人的靈魂乃被困在體內，The dead are within us。榮格所說的死者是指現代人（歐美人）。在傳統中，多數的精神導師都曾跑進地獄訪問死者，如耶穌、俄耳浦斯、黃道士等。

榮格看到西方文化和宗教不能滿足心靈的渴望，人類努力使靈魂滋長，但《聖經》是一崇拜病理（worship of pathology）的書，並非眞正的信仰。主張歐洲人應有較廣闊的文化視線，很先進的思想。但人是頑固的，當他們看到他們的盲點，或產生出某一種視野，他們就把它集體化爲一種崇拜，往往是單軌（one-sided）地崇拜神祕主義，達不到周全的信仰。

因爲沒有客觀的架構來把主觀搭好，西方產生的很多所謂預言家多是單軌的看法。榮格認爲，文化（音樂、哲學等等）雖然是通俗的，但是可以用之於意識的滋長，而達到個人的改變（transformation）。所以，榮格利用自己的視覺，如智者對他的訪問，各種文化象徵，尤其是諾斯替教與內藏的象徵和神話寫他的名書《無意識心理學》。因此他也不能接受弗洛伊德對宗教的簡化。

第一次布道:

一群無生命的人從耶路撒冷歸來，在那裡，他們沒有找到他們想要尋找的東西。他們請求我讓他們進來並給他們一些訓示，於是我開始向他們布道:

彼等聽著: 我的布道始於虛無。虛無即是充滿。在一個無窮的宇宙裡，充滿並非勝過虛無。虛無既是空虛又是充滿。關於虛無說什麼皆可，例如說它是白或是黑，還可以說它是什麼或不是什麼。一種無限而永恒的事物不具有品性 (qualities)，因為它具有一切品性。

這種虛無或充滿，我們稱之為「普累若麻」(pleroma)。其間思考和存在均已止息，因為無限和永恒不具有品性。其中沒有存在 (being)，如果有什麼存在的話，它就會與普累若麻相區別而具有種種品性，這些品性使它成為某物而與普累若麻相區別。

普累若麻中一無所有而又擁有一切。思考普累若麻總是毫無結果，因為這意味著自我消解 (self-dissolution)。受造之物 (creatura) 不在普累若麻之內，而是存在於其自身。普累若麻是受造萬物的開端與終結。它滲透在萬物之中，就像太陽的光芒彌漫在空氣之中。儘管普累若麻滲透於萬物，然而萬物本身並未藏有普累若麻的一分一毫，正如一個純粹的透明體並不因光照而改變其自身的亮度。然而我們則是普累若麻，因為我們是這無限和永恒的一部分。但是我們並未藏有普累若麻，因為我們已經永遠地離開了它; 不僅從精神上或肉體上，而且從本質上亦是如

此，因為作為受制於時間和空間的受造之物，我們已從本質上不同於普累若麻。……

普累若麻（pleroma）是第一次布道中最難懂的概念，它是抽象思維的最高峰，如日禪師所說的「啓蒙」（sunyata）（色卽是空，空卽是色之意）。

西方一直以為，古希臘人所說的宇宙是物質的，out there，只是近幾十年來才有較多的人認識到，古希臘人說的是內藏的，充滿了象徵和原始模型的宇宙，他們並不是指 out there。所以 pleroma 有雙重意義：內與外，without 和 within。

人不知「己」而幹事是很糟糕的。希臘人說的Know thyself and you will know the universe and all things，來自古埃及的上下相同，what above, so below。榮格接受了漢密脫科學的這個概念。

古亞力山大里亞城的諾斯替思想家想及「超驗領域」，這個概念影響了猶太教神祕哲學「喀巴拉」（Kabbalah），其中有十個場，每個場各有不同的力量，漏出來支配人類。諾斯替教徒受了漢密脫科學的影響，認為在每個領域內劃分兩極，每一極皆藏著靈力和能量，藏著古代的知識。他們認為他們自己則不在其內，不受其支配。諾斯替教徒用意識來解釋和積累起來。一定要用 conscious，因為改變要有其超驗的推動力才成，是難於認識的。

我們要認清那些原始模型。我們對它們可有錯誤的解釋，但是絕對不能面對原型時逃避，那就會被它們支配著了。

榮格認為所有外界的知識，一定要擁有內藏的原始模型和知識（諾斯，gnosis）來迎接其挑戰。不然的話，世上萬物是不可

知的。在我們的內藏中，一定有與我們認知的萬物相同的原型浮現出來。所以，向外投射 (extraversion) 的人格是被劣神所支配的人。

他們失去了超自然的神聖性 (numinous)，失去了靈魂，他們沒有內藏的、不可說出的偉大 (ineffable greatness)。倘若沒有的話，就會沈迷於日常猥瑣的小事（如海德格爾說的 triviality of everydayness）。根斷了，我們失去了往昔的歷史，沈迷在流行病似的大眾文化之中。雖然理智可以帶我們走出沈迷的普累若麻，但是在普累若麻內的是怪事，是超越人之智慧的，是不可描述的。因此，榮格在布道裡說:「我教授給你們知識，你要將知識控制著，否則你會陷入沈迷的矛盾(paradox)。」

第二次布道:

死者們還沒有認識重點，他們要求上帝來主裁政治和社會的鬥爭。他們要求目的、物質上的創造、金錢的滿足、享樂原則。這些都是在大眾文化的宗教中表現出來的，可是，他們的普累若麻意識是空虛，是大乘佛教所說的空虛!

但在普累若麻之中，有不同的神。榮格指出阿卜拉克薩斯，該神代表中流砥柱般的力量，變動的力量，它和普累若麻不同。我們要知道，榮格的《向死者七次布道》乃是半客觀的 (quasi-objective)，包含著神學、心理學的涵義、所有的內藏涵義與其他學科有廣泛的聯繫。總之，我們常受制於二元，美麗的和醜陋的，邪惡的和善良的，除非我們有資格來看，否則我們總是半吊於單軌。

第三次布道:

意識乃指「充滿的普累若麻」。所有的宗教都用與之大同小

異的概念，假定有超越或超驗的，不可思議的存在。例如猶太教神祕主義就有兩極，兩者復交與和解。榮格也採用同樣的原則，諾斯替教的一個鼻祖瓦倫廷 (Valentinus, 約西元二世紀) 的理論也如是。印度《奧義書》說，不平衡的神剝削人類。尼采所說的以前神創造人，現在人創造神，是來自諾斯替教。1900 年前後，歐洲人常說「上帝已死」，榮格指出，神乃假上帝，基督教的神是人群心中意象的投射，而人把它崇拜了兩千年之久，現在才發現到那個形象已經脫離了眞實，所以說「上帝已死」。榮格認爲耶穌的形象已被破壞，但其神靈力量在心理上仍有影響。因之榮格提出阿卜拉克薩斯爲綜合原則的神，他認爲弗洛伊德心理學接受了世界單軌的意識形態。在歷史上，那些較有眼光的人皆被指爲「狂人」，須知所謂上帝的形象皆有時間性的，可是人需要一個超驗的形象來崇拜，阿卜拉克薩斯是沒有一定的命運的，耶穌有其命運。

　　榮格的心理學世界是充滿形象的，人的靈魂 (psyche) 最後是要與那些形象和解，那些形象是未被西方文化接受的，例如埃及出土的藝術、佛教、道教等等。海塞受了榮格的影響，在《徬徨少年時》中說基督教只認爲自己才是善，這是單軌思維的表現，可是祕傳的教條說意志選擇善惡之別。榮格極爲尊崇基督教人爲神的概念，認爲這帶有狄俄尼索斯和阿卜拉克薩斯的傳統。阿卜拉克薩斯代表動力，要看到兩極合併的意志！因此，阿卜拉克薩斯的象徵包括公鷄、蛇、馬車，代表一種潛意識的力量，象徵個人的努力，它也代表猶太教預言家伊利亞。

　　近年來，西方也有人用核子物理學的象徵來代替阿卜拉克薩斯，但是科學象徵缺乏道德的絕對性，遠不及古老的象徵。阿卜

拉克薩斯代表西方人的無意識心理能量。榮格要向無意識領域進軍，因爲神和魔鬼不是絕對的，只不過是文化的表現，內藏的「己」（自身，自性）才是權威！但是我們切不可忘記道德和法律！在榮格的《回答約伯》裡，光明與黑暗是共存的，那該是中夜的太陽，midnight sun，光明面對黑暗。

第四次布道：

兩極相合乃榮格心理學的基本原則。因之阿卜拉克薩斯占有非常重要的地位。無論如何，它也是生存的意義，那是人類兩千年的問題，對這個問題，人們不斷地從邏輯學和哲學、詩歌和神話等方面尋找答案，卻總是找不到滿意的答案。榮格則是從心理學出發，給予了滿意的回答，很多人都認爲他頗有成就，也有人說榮格心理學是假宗教 (ersatz religion, 宗教代用品)。

阿卜拉克薩斯是一雙性體 (hermaphroditic, 雌雄兩性體)，比「兩極合併」(union of the opposites) 還早。它比弗洛伊德的「自我」(ego) 更有潛力。榮格指出，太陽是光，黑暗乃魔鬼，那是兩個神，像愛洛斯 (Eros) 和邏各斯 (Logos)，人類從一開始就有其單軌的崇拜，只看到光和力量，現代人應當有所不同。

一神論有很長久的歷史，神能給我們對神的敬畏。弗洛伊德晚年時認爲，猶太人的上帝是沙漠中的火山，太陽神是非常可怕的，榮格則視之爲一個原型。女神也有其危險，如維納斯，女性壓力等等，會產生享樂主義。人比神弱，因此成立社會和宗教團體，儘管如此，團體仍受潛意識的擺布。諸神推我們進入社會的組織，因此個人主義是一重要的元素。我們要有能力來全盤地看模式、原型等等，不要受其支配。

第五次布道:

榮格認為個人是社會的磚石,每個人都是一個小宇宙,像小鏡片一樣反映著大宇宙,都有陰陽兩極的表現,男女兩性趨向於綜合性而非分析性。我們追求外界的成就,卒之走向神經病,因此人生問題切不可簡化。不可說 neither, nor。人類需要社會,但社會也給人類帶來精神與欲念的痛苦,所以孤獨對人有所幫助。社會帶給人溫暖,孤獨帶給人光亮。

第六次布道:

滋長是在於內藏的改變,打開靈魂各方面的觀察,不能使用壓力的。蛇和鴿是象徵原始人的簡單頭腦,人的意識的滋長需要周全的發展,男女關係也如是。所有爬行動物代表意識與無意識之間的行動,爬行動物的象徵有助於人類意識的滋長。西方基督教《聖經》把蛇視為撒旦動物,矛盾的是摩西視蛇為醫者,耶穌也曾說:智如蛇,善如鴿,弗洛伊德心理學視蛇為性欲象徵,而停頓了他的考察,榮格的研究更加深透。

蛇產於土地,能飛上天空,它有很大的趨向於超驗領域的動力,是一偉大的超越象徵和兩極合併原則的象徵。鴿會飛,那麼基督教所說的罪行感是從何處而來的呢?就是因為鴿子跌落下來了,在物質世界受到了污染。我們想將所有的資料收拾好帶回天父處,那就可以給物質世界以道德價值。這就是腦子工作的方法,不然的話我們就沒有胡蘿蔔加大棒的規則了!德國法律學家和人類學家巴霍芬 (Johann Jakob Bachofen, 1815-1887) 把時代分為母親時代和父親時代,父親時代是意識發展的時代。所以現代女性仍然被壓迫著。在這方面榮格是提倡婦女解放的先驅。榮格把意識的滋長與手足身體比較,蛇常被歧視,蛇產於土

地，我們怎樣才能飛起來呢？

我們有伊卡洛斯情結。希臘神話裡的伊卡洛斯 (Icarus) 是建築師和雕刻家代達羅 (Daedalus) 之子，他不願意住在父親建造的房子裡，逃亡時飛近太陽，蠟翼被融化了，因之墜海而死。如果我們想要個體化而過於急切，也會弄巧反拙！近代人似乎還沒有全面地學到蛇和鴿子的精神。

是的，我們的頭腦使我們異化，在機器和尖端技術的時代，人更加異化。像伊卡洛斯那樣沒有想透。我們應把蛇尾握緊，跟她到花園去，她願意嗎？我們切不要盲目地追隨她。我們要有意識地幹，不要崇拜大自然，也不應破壞大自然。我們不應把女人視爲生孩子的工具。煉金學家說他的工作是反大自然的工作，王爾德 (O. Wilde, 1859-1900) 曾說大自然仿學我們，我們不要向大自然投降！

第七次布道：

這是最短的一篇布道。榮格給了我們現代人最實際的指導，從普累若廠直到多元社會。那天晚上，死者們又回來請教現代如何生活。「七」是很古老的數碼。印度占星學等所說的「七重天」，七步登天，是一步一步地達到超驗的經驗。榮格用德文寫《布道》，德文的「人」字 mensch 是包括女性的，英文則不行。梵教的軍茶利也用七個環圈 (charkas)。女神伊西斯 (Isis, 古埃及女神) 的七塊面紗，打開時就可以看到盧山眞面目，面紗乃嘛呀 (maya)！通過它，人達到反省，英文的反省 (reflection) 有死者再回的意思，如此得到改變 (transform)。實在的七個層次 (seven levels of reality) 由簡單直至奧妙，當你遇到阿卜拉克薩斯時，那是很輝煌的力量，那是普累若廠。煉金術士

所說的內在的改變，transformation within，是在煉金學的器皿中變，那就是地球的變，我們也變，從小世界到大世界乃至宇宙。

Man is a portal for him to enter from the outer world to the inner small world 該是榮格所說的最重要的一句話！「portal」是榮格對科學與宗教隱喻的一大貢獻。門口，門脈，血液由此流過，血液乃煉金術的元素。通過這個門關就是無限，全部人類學的宏觀世界和微觀世界。古猶太教稱之為 olam，通過它世界就 becoming。清教的十字架象徵的是 being 的意思。但也有人用橫豎相等的基督教的十字架，那是象徵平衡的意思。滋長但非平衡的❶，那就是象徵偉大的星球，the great star！有如達芬奇的畫，歌德的《浮士德》，尼采的作品。榮格顯然受了這些歐洲巨人的影響。

諾斯替教給榮格的影響是深沈的。轉動是上下內外的。把蛇變為好人（神蛇），但蛇的性別是「她」。榮格認為心理（psyche）是客觀的，所以他說的無意識是客觀心理，又往往帶有主觀性，這與他的世界觀有密切的聯繫。就像電影機一樣，如歌德在《浮士德》的結尾所說，「萬物皆投射」。這個概念是非常奧妙、神祕、美麗、浪漫、……當你正當地看時，對個人心理上是有幫助的。三人行必有我師焉！他人的表情上有我的救主！What I see in you is what I think of you! 這就是一種「神祕的改變」(secret transformation)。但是，if we are obsessed with our egos and what we see from our eyes 就是錯誤的。We should take what others projected from their

---

❶ 十，基督教常用的十字架；＋橫豎相等的十字架。

inside and transform them by alchemical reaction within us and then give them back to the others. 如果我們被我們的「自我」纏繞著，我們看到的所有皆是錯誤的。因之我們要把他人「投射」出來的主觀，用我們內藏的煉金術作用來改變他們的錯誤觀點後，將正確的觀點還回給他們。這就是榮格的思想 (idea)！真正的「我們只看我們要看的」(We see what we want to see)。

這個思想就是德國民族的觀念，榮格到底是日耳曼人也！是不折不扣的日耳曼人。這個原則源於犧牲，具有其宗教涵義。德人看到從大到小，像一根毛放在剃刀上，像拿著槓桿走鐵索的人，不能讓槓桿失去平衡。榮格眼裡的作人，太好也變成壞，並不一定惡魔才是邪惡，太好也是邪惡，像清教徒，太過清了就產生嚴重的問題。

第七次布道中說，人仰望黑暗的天空就可以找到意義。偉大的星球乃是黑暗宇宙的窗口。天空是有很多穿孔的，從星球（天星）就可以找到無限光亮 (infinite light)。因此古代地中海的人崇拜太陽，那是「太陽原型崇拜」(archetypal helio worship)。那是與「無限」的接觸點，二元最後的絕對消滅。那裡普累若麻消滅二元就是啟蒙 (sunyata)。只要仰望太空，你就會懂得。

這些理論是來自複雜的諾斯替教神話。人賦予生活以意義，意義也是我們的房子，意義也是人的糧食！

諾教關於神創人的思想是與主流的猶太宗教思想相反的。人是生物，雖然是被創的，卻是整一的、周全的一。You are the individual! 世界是人帶來的，人乃創造者和毀滅者。所謂

「超驗」者，乃形象的製造過程。阿卜拉克薩斯就有力量連續地製造「兩極相合」，永續不斷，這就是阿卜拉克薩斯的希望。（這個故事在大眾文化裡很難處治，常被誤用而變質。）

　　榮格借用的「我是我的命名者」，就是諾斯替思想。像小雞打穿蛋殼出來，殼象徵束縛，早晨太陽升時喚醒人類。太陽是意識的啓發，榮格並非指外界的太陽。這個大同力量是內藏的。阿卜拉克薩斯是眞正的帝皇權力和欲望，是一種「能」來推動我們自己。這種「能」是內藏的。靈魂永遠不會懂得死亡率，她會多眠，她永遠不會死亡。但我們要艱苦地爭取才能得到。

　　這是古希臘，中國，埃及皆有的眞理。所以我們要認知，要勤奮地工作。但也要懂得休息，以找到心理的平衡。那是安眠（repose），是曼荼羅中心的空虛。經反省等等就可以再找到更新（recharge）的力量。基督教所說的天恩（Doctrine of Grace）就是這個意思。榮格認爲人類有可能看到這個最終的眞實。這就是康德（Kant）所說的「直覺」。今天我們太注重知覺功能了，失去了與我們的「根」的聯繫，失去了傳統。我們要知道我們前進的終點乃是最偉大的星球，這就是信仰。孩子們要返回星球，煉金術士煉出來的哲人石爲我們領隊。當我們看到那偉大的星球，證明我們的奮鬥有其價值，這也是「個體化」（individuation）的意義和目的。到達那面紗之前，才把它撩開。

　　在世界上，人未受過痛苦的折磨，不容易懂得榮格和諾斯替教的理論，不能立即懂得里爾克（Rilke, 德國詩人）所說的「你要改造才行」這句話的意義。你改造也會改造你的朋友。這是一定要看到的事情，不然的話，你不可能只命名，一定要有實在，

You must have an object。但是命名後才有效力，使諸神起作用，這是古埃及的喚神魔術 (theurgy)。榮格看到猶太人所說的上帝是全能，全知，全在的，那麼不需要人類讚美。我們應當讚美的，是將我們內藏的火光點燃，讓它明亮起來，這才是重要的!

因此我們要觀察。觀察那偉大的伯利恒之星，它在何處。

偉大的星球乃存在的隱喻。

總之，《向死者七次布道》是借巴西里德斯之名，以布道的形式來爲二十世紀的人們指點迷津，其中已包含了榮格心理學的基本原則，表現了榮格對人類靈魂狀況的深切關懷。理查德·卡文迪什編的一部辭典裡提及這篇布道時說：

> 榮格經常抱怨他的批評者們將他視為宗教神祕主義者而非科學的心理學家。其實他二者皆是。他的手指上戴著一個諾斯替指環。……在他獨立於弗洛伊德的研究工作之始所寫的非凡著作《向死者七次布道》裡，這位心理學家以純粹諾斯替教的措辭，宣告了靈魂的命運。❷

(三)《珍珠讚歌》——靈魂的讚美詩

西元前三世紀時，希臘理性主義文化受到東方非理性主義思潮的激烈衝擊，出現了許多祕教團體。到西元二至三世紀時，東地中海地區已成爲諾斯替教運動蓬勃發展的中心。四世紀後，隨

❷ 卡文迪什編，《百科全書補遺·巫術、神祕主義與靈學》，頁98。

著基督教成為羅馬帝國的國教，諾斯替教被視為異端，受到殘酷的鎮壓和迫害。在歐洲文藝復興和宗教改革時期，諾斯替教再度活躍，像被教皇判為「頑固異端分子」而死於火刑的喬達諾‧布魯諾 (Giordano Bruno, 1548-1600)，就是一位諾斯替教哲學家，他還寫過一部書叫《柏伽索斯飛馬通神術》。他主張各學派自由辯論，和平共存。社會精神危機來臨之際，往往即是諾斯替教思想活躍之時。諾斯替教徒追求「諾斯」(Gnosis, 真知，神祕知識)，該教因此而得名為「諾智派」。

諾斯替教受伊朗二元論影響，持一種二元論世界觀，認為存在著兩個世界：精神世界和物質世界。

精神世界為至高神的湧出物所充滿。至高神難以表述，它是「心靈」(nous)、「生命」(zoe) 和「光」(phos)。那些湧出物叫「移湧」(aeon)，其中有一最大的「移湧」是「範型人」(proto anthropos)，它即是人類靈魂之源。人的靈魂具有神性，是神的火花。

人也分三部分：肉體的 (hyletic)、靈魂的 (psychic) 和精神的 (pneumatic, 其希臘文名詞是 pneuma, 是「氣」的意思)。

物質世界 (phusis) 非至高神所創，而是劣神 (demiurge, 巨匠造物主) 創造的。這位造物主邪惡又無知，幾等於撒旦。物質世界是贗品和幻覺，它是人的肉體之源，但也是靈魂的牢房，地獄和陷阱。

靈魂被圍困於肉體之中，精神被囚禁於物質之中，就是神性被誘入陷阱。人只有把握「諾斯」，才能得到救贖。諾斯替教徒在祕教儀式裡，通過某些程序和技術而獲得真知，但那是一種難

以言說的個人體驗。

諾斯替教拒斥物質世界，竭力要保持靈魂的神聖性。在其靈魂的讚美詩《珍珠讚歌》裡，靈魂化身為一個孩子，奉父母之命離家遠遊。他原住在天上的王國，身上穿著閃光的華服，披著深紅色的斗篷，在富麗堂皇的宮殿裡逍遙度日。一天，父王和王后命他下降到埃及，去尋找王冠上失落的一顆珍珠。這顆珍珠在一片海水的中央，一條巨蛇噴著鼻息，用身體環繞著海水，守衛著珍珠。要取得珍珠，必須戰勝海水和蛇，以及埃及奢靡的生活。

他到埃及後耽於享樂，忘記了自己的使命。直到有一天，在沈沈睡夢中，一個信使給他送來一封父王的信，這就是「神召」。於是他清醒過來，終於取到珍珠，返回天上的王國。他重新換上光的衣裝，成為王位繼承人。那裡才是他適當的位置。

西方文化巨人的名言是：「認識你自己」，「成為你自己」。「珍珠」是對靈魂神聖出身的提醒；只有免受物質世界的誘惑，保全自己的神性，靈魂才成其為靈魂。

這段美妙動人的故事，充分表達了諾斯替教的基本思想。

在《集體無意識的原型》(1934) 裡，榮格提及這篇靈魂的讚美詩。他說，向上的飛升以向深淵的沈降為先導。「水是對無意識的最普通的象徵。」水是「谷之精靈」，水是「道」之飛龍，無意識的本性和水一樣，是「一個懷抱在陰之中的『陽』」。要發掘父輩們留下的寶物與珍貴的遺產，我們也必得走那往下沈降的水之路。

(四)《諾斯替教經典》與《死海經典》：

二十世紀西方考古學最偉大的發現

1945年，在埃及其努布斯其安 (Chenoboskion) 的聖柏孔米亞斯 (St. Pachomius) 僧侶院遺址附近，出土了諾斯替教的經典。這些經典藏在一個缸裡，共十三部經書，其中十一部有皮面包裝，沒有裝訂的部分散失很多，可能是被埃及農人當燃料燒掉了。出土經典的文字是埃及土語科普特 (Coptic) 文，是從希臘文轉譯過來的。據學者推斷，這些經典可能是羅馬帝狄奧多西一世 (Theodosius I) 焚書時，僧侶藏起來給後人閱讀的。西方學者認為這是上帝特別保留下來，傳之於世的寶物，1978年，它們已被全部譯成英文，書名為《納格漢馬迪圖書》(*Nag Hammad Library*)。

1947年，幾個牧童在死海西北岸的洞穴裡，發現了第一批古卷。後來又陸續有所發現。這些古卷出自十一個洞穴，統稱「死海經典」(Dead Sea Scrolls)，但一直未能公諸於世。

經過很多年的交涉，以色列當局才讓罕亭頓圖書館 (Huntington Library) 將全部軟片公開。1993年4月至6月間，洛杉磯市猶太人大學和來自世界各地的著名教授專家舉辦了八次講學會，討論《死海經典》的內容及其對世界宗教的影響。《死海經典》的全部翻譯反映了早期基督教的態度，據說他們是熱誠的復國主義者。

在歷史上，羅馬帝國為了鞏固自己的統治，強迫殖民地信奉他們的神。虔誠的猶太人不願意信奉羅馬諸神，脫離傀儡控制之

下的猶太人大廟，而逃亡到死海岸邊的山洞口，實行苦修以至於死而不悔。《死海經典》就是那些苦苦修行的教派所留下來的紙卷聖經。那些猶太人用盡他們的想像力，臥薪嘗膽地提醒和激勵自己，他們把怎樣在黑暗中摸索，終於見到光明，怎樣將實質毀滅而產生了「能」，應有盡有地畫在牆上，想盡辦法記錄下來。據云給耶穌洗禮的約翰，也曾在苦修教地區自我訓練了許多年。死海的苦修教和反對暴政的堡壘最終被軍隊所毀。此後教徒星散各地。

　　《死海經典》的全部公開，可以澄清它與《諾斯替教經典》的關係，定會對今後猶太基督教產生巨大的影響。這兩部經典的出土， 是二十世紀西方考古學最偉大的發現 。 它們的翻譯和問世，也是對西方文化研究的一大貢獻。

（五）諾斯替思想及其影響

　　其實，那些二元論和視耶和華爲劣神的思想早已傳至歐洲了。只因爲在教堂控制下，無從表達而被壓在歐人的無意識內。

　　諾斯替思想雖然出自猶太教的異端派，諾教經典和死海經典證明，猶太基督教思想受過伊朗宗教的影響和拜光教的薰陶。諾教的創立者有希臘人、埃及人和猶太人等。由於當時人民對希臘羅馬的帝國統治不滿，尤其是對猶太教的學說和舊約中的創世論和上帝論不滿， 他們從柏拉圖哲學的精神論 、 靈魂與肉體論開始，而發展到離經叛道、過分和顚倒式的柏拉圖哲學，成爲一種超越時空和歷史的偏離心理學。

　　諾智派說：開始時是神創人，但是現在是人創神了。神崇拜人，並且每一個人的內心皆藏著自由的火點，這種觀念曾給摩尼

教很深的影響。摩尼教曾傳至中國。諾智派的僧侶生活、風俗和世界觀，皆擁有佛教的色彩。諾智派認為耶穌是救主，但是人必要有一種靈知，一種神祕的直覺，才能解脫。人類歷史沒有起點也沒有終點，蛇神代表智者，象徵這種人生觀的是一「咬尾蛇」(uroboros) 符號。

諾智派認為世界上有三種人：物質主義者、唯心主義者和講精神者，後人認為這種分類過於淺窄。但是諾智派的學說並不一致，有的說耶穌並沒有死，釘在十字架上的耶穌只不過是一個幻象，這樣的學說通稱為「幻影說」，影響伊斯蘭教甚重。諾智派女人的地位很高。耶和華的母親是智慧女神蘇菲，她給劣神的誕生是一個錯誤。耶穌極為尊重瑪爾德琳，並常常吻她，告訴其他門徒好好待她，眾門徒很嫉妒她。

諾智派的教師，有名的是異論神學家馬西昂 (Marcion)，他的活動期在西元 144 年前後，瓦倫廷在西元 140-160 年，巴西里德斯 (Basilides) 在西元130年前後。他們每個人都有一套理論散布在西方思想內，影響後世甚巨。受他們影響的主要有煉金學家洛杰・培根 (Roger Bacon, 約 1220-1292)，詩人威廉・布萊克 (William Blake, 1757-1827)。他們的作品皆含著深沈的諾斯替思想。據近代大不列顛女學者弗南斯・耶茨 (Frances Yates) 說，文藝復興乃漢密脫科學與諾斯替教的復活，是頗有根據的。

屬於諾智派的近代學者有德國文學家海塞，德國宗教學家漢斯・喬納斯 (Hans Jonas)，德國解釋神學家布爾特曼 (R. Bultmann, 1884-1976) 和法國左派女神學家魏爾 (Simone Weil, 1909-1943)。波蘭哲學家卡勒可斯基 (L. Kolakowski,

1927-) 認為馬克思思想也來自諾智派，並且認為是一歷史上的
普羅米修斯情結產生的悲劇之重演，馬克思竊來火種，終會被神
處罰的。

黑格爾也研究諾斯替思想，他的唯心論哲學是把全部西方基
督教的精神集中起來。黑格爾最早的著作就是一本小冊子，敍述
耶穌的一生。所以後來黑格爾的精神哲學，只不過是擴展了的基
督教理論。隨後黑格爾研究巴西里德斯的諾斯替思想，將諾斯替
的觀點，凌駕於康德的理性之上。不幸的是有些歐洲人把黑格爾
的哲學誤當心理學。因此康德的形式主義變成了後來納粹虛偽的
道德觀，加上黑格爾的辯證論，引發了德國的悲劇。

德國一些當代學者認為黑格爾的哲學本來就是基督教的伸
展，這不是健康的解釋。榮格心理學對基督教心理學的研究和解
釋比較正確。例如榮格對彌撒領聖禮和基督教領聖餐的象徵意義
和對三一的分析等，均富於啓發性。

黑格爾的精神學、物質學、也可以說是女性（陰性）化的，
在馬克思看來，都是「異化論」。在這種歷史背景下，我們就可
以理解馬克思的彌賽亞形象，是有它的歷史淵源的。然而在今天
的世界裡，已面臨著經濟和生態彼此破壞的危機，大自然也被濫
用無遺。

據史丹福大學胡佛研究院學者伏格林（E. Voegelin, 1901-
1985）的研究，諾斯替思想是初期猶太基督教時代產生的神祕主
義異端，變成了西方思想暗潮的主流。其主要特色是認為創世的
神是個劣神，因此諾智派教徒心中懷著終世論的觀點，從這個觀
點出發而發展到烏托邦的渴念，從末世學而產生虛無主義和革命
的焦慮。伏格林說，德國哲學家康德、黑格爾、馬克思、尼采等

人都是受了諾斯替教的影響。他們的哲理老是否定再否定的諾斯替把戲。伏格林認爲現代文化的頹廢就是諾斯替文化的表現，西方文明的將來在於鎮壓諾斯替思想的腐蝕，這樣才可把西方文明重建的原動力復原❸。很可惜的是從奧地利移美的伏格林是一投機學者和歐洲文化至上的沙文主義者。

由於以前有關諾智派學說的資料都是其敵人寫的，所以西方學者覺得《諾斯替教經典》和《死海經典》的發現是上帝特別留下來的寶物。加以在談著星球戰爭的今天，學者自不免感到精神上的威脅。因此不少學人認爲整個世界已經被劣神支配了，唯有把自由的火花保持著，唯我論才有可能存在。無論如何，諾斯替教經典的發現風靡了西方數十年。

(六)煉金術

煉金術 (alchemy) 的歷史不大爲人所知，可能創始於巴比倫，後來傳到阿拉伯，繼而傳到埃及，最後遍及歐洲。

alchemy 是阿拉伯的字根，al 是「這」(the) 的意思，chem 是古埃及的名字。

在研究煉金術心理學方面，榮格率先一步，這是他獨具慧眼的貢獻。他把煉金術劃分爲四個時期：黑暗期 (nigredo)、灰白期 (albedo)、黃金期 (auredo)、赤紅期 (rubedo)。在以上四個時期裡，人可以產生許多幻想，夢幻。幻聽，聽見很多寓言，幻視，看到一些希奇古怪的恐怖現象。經過相當時期的內省

---

❸ 見伏格林，《新政治科學》。

之後，才能達到赤紅期，那時才能產生哲人石 (the philoso-
pher's stone)，感情才可以轉移（精神分析學上所說的感情轉
移）。這樣就可以使精神和靈魂合璧，成為榮格說的「個體化」
(individuation)。這種天合，神聖的結合，就是煉金術上說的
「神祕合一」(mysterium coniunctionis)。

榮格根據對煉金術的研究，認為煉金術是反大自然的勞動，
試想在地球上，要經過極為漫長的時期才能產生金屬，而煉金術
偏要在短時間內煉出金來，那豈不是反大自然的勞動嗎？西方傳
統來自希臘和埃及，極力主張個人奮鬥，而煉金學的本質，就是
個人心理上的改造。煉金學家的變，是他自己的變化。在歷史學
院的研究中，煉金學被列入非科學的化學範疇之內。然而科學技
術的發展與進步，正是始於原始的科學煉金術，也可以說煉金術
是基礎科學，化學和物理學之母。正如彌塞亞和救世主的概念出
自猶太教和基督教一樣，無論如何，歐洲的煉金術是科學技術的
先驅，鼻祖，它的勝利，征服了全球。

世界上有名的科學家，甚至文學家，懂得煉金術的不乏其
人。如現代醫學之父帕拉塞爾士醫生 (Paracelsus, 1493-1541)
就是一位煉金學家，他曾在巴塞爾行醫並講學，吸引了整個歐洲
的目光。亞理士多德、莎士比亞、歌德和牛頓等人，無不受煉
金術的影響。為什麼柏拉圖和古希臘的哲學家沒有帶給人類以科
學，而只有煉金術才有這種作用，還有歐洲古代煉金學家神祕合
一的理論、個體化象徵和哲學家的寶石、歐洲黑世紀時代煉金學
家的工作與牛頓所說的綠獅煉金術等等皆是耐人尋味的問題。

歐洲中世紀的煉金學家看到人類和物質實體中，皆有生命的
「能」，在交換中取長補短。而關於煉金學的心理學，只有榮格

把它提高到科學的地位。榮格是煉金術心理學的先驅。

榮格心理學注重內向、內省、內傾的性格。他發現煉金術也影響到宗教，如天主教彌撒中的「領聖禮」和基督教中的「聖餐」儀式。《聖經・馬太福音》中關於「設立聖餐」是這樣寫的：「他們吃的時候，耶穌拿起餅來祝福，就劈開，遞給門徒說，你們拿著吃，這是我的身體。又拿起杯子來，祝謝了，遞給他們說，你們都喝這個，因為這是我立約的血，為多人流出來，使罪得赦。」這些話，都有心理治療的豐富色彩。

榮格進一步發現，西方心理學的基礎是煉金術。煉金術解釋了弗洛伊德常談及的「轉移」。醫生必須使病人移情，才能治療他的疾病。榮格指出「轉移」（transference）旣是個人旣往的遭遇，也與人類的歷史皆有關聯。

有的學者一味地強調煉金術是「非科學性的化學」，而不了解「煉金術的心理學」，實為憾事。正如基督教一樣，皆以考驗的方式來應付大自然的變遷。如果我們看到基督教文明是怎樣破壞了大自然，就會理解煉金術對它的隱喻。外行對榮格研究煉金術心理學的結論感到驚奇，內行則看清基督教，煉金術和現代科技是一個三角形的關係，如圖：

煉金術採用貢獻（奉為神聖）的詞，是為了祈求心理的改變，改造內心。如同宗教儀式的「領聖禮」或「聖餐」，是為了溝通「能」的流動，不使它停滯。神聖的靈魂是靈活的。我們要

喚醒內心的「聖子」! 人類就是大自然的兒子，改造的不是基督，而是我們。但我們不能變成「哲人石」，基督的神要作人子，煉金術要改造的是煉金學家本人，人們不說我在神之下。看來似乎很大膽，褻瀆了神靈，但是人是創造者。

西元四世紀時，古希臘煉金術士以金屬的死亡，復活，完善而最終變成黃金的過程，作為人類靈魂死亡，復活和完善的象徵。四世紀留下來的重要著作是佐西莫斯 (Zosimos) 所編的《煉金術大全》。那時煉金術是諾斯替教徒進行精神訓練的「瑜珈手冊」。還有摩利安諾斯・羅曼努斯 (Morienus Romanus)，他的老師是斯泰芳諾斯 (Stephanos of Alexandria)，他曾任東羅馬帝赫拉克里烏斯 (Heraclius, 610-641) 的顧問大臣。由於基督教的沒落和頹廢，摩利安諾斯逃到耶路撒冷去隱居。回教征服該地時，伊斯蘭王子 (Omayyad Prince) 叫哈里德 (Khalid ibn-Jazid ibn-Murawiyah, 635-704)，請求他把全部西方文明文化的祕密帶回伊斯蘭，以使之興盛。從此西方走下坡路了，走向黑世紀。到了阿維森納 (Avicenna, 980-1037) 的醫學和哲學轟動了西方，歐洲人才開始大力進行從阿拉伯文譯回拉丁文的工作。

十二、十三世紀的英國學者，如格羅斯泰斯特 (Robert Grossetsete, 約 1175-1253) 和洛杰・培根 (Roger Bacon, 1214-1294?) 等人，把煉金術從阿拉伯文譯回拉丁文，使歐洲人在一個世代之內把西方失去了的知識找回，遂影響了文藝復興和啟蒙運動。在西方，對煉金術只有兩次再發現，第二次就是榮格心理學的發現。因此榮格認為他的發現是無價珠寶。幸而榮格的妻子富有，榮格花費了很多錢用於收集購買煉金術的書籍資料。

　　煉金學是人與文化。正當歐洲人傲睨世界之時，歌德的《浮士德》給予他們心理上的挑戰。但歌德縱有智商200的聰明，在《浮士德》裡也不能駕馭很多處出現的煉金術象徵，被浮士德弄死的老人菲利門在《浮士德》下集才出現。

　　煉金學最重要的原理是「兩極合併」，榮格說煉金術「長期在祕密中釀製著對立面的合一」[4]。他發現，煉金術就像一座橋梁，它的「一端通往過去，通往諾斯替教；另一端通向未來，通向現代無意識心理學。」[5]

---

[4] 榮格，《集體無意識的原型》、《心理學與文學》，頁61。

[5] 約瑟夫・坎貝爾編，《榮格・編者前言》，頁29。

七、榮格與中國文化和東方文化

　　從 1913 年起，榮格埋頭於集體無意識的研究，查閱了大量鮮為人知的諾斯替教派文獻資料。但他覺得這些資料有的經過修訂，不是原文，有的不夠詳盡，重要段落還有闕文。而且在其對手基督教著者的筆下，某些內容難免失真。用這些一千七八百年前的斷簡殘篇來支持自己的發現，似乎有些冒險。到1928年，榮格對西方神祕主義和諾斯替思想的研究已經登峰造極，沒有了繼續前進的餘地。榮格寫道：

　　……這些發現牽涉到一種廣闊的現象學，對於它們，迄今已知的範疇和方法恐已不復適用。由於未能提供比較，我基於十五年的努力所取得的成就似乎缺乏說服力。我知道，還沒有一個人類經驗的領域是我有一定把握能夠支持我的發現的。❶

　　正在這時，德國漢學家理查德·威廉給他帶來了一本中國道教的書《太乙金華宗旨》，使得身處山重水複之中的榮格，終於

---

❶ 榮格，《金花的祕密》德文第二版＜序言＞。

達到了柳暗花明的新境界。

(一)理查德·威廉和他帶回的 「中國智慧的珍寶」

理查德·威廉 (Richard Wilhelm, 1873-1930) 是一位德國漢學家，漢文名字叫衛禮賢。他於1899年到中國，在山東靑島和濟南等地講學，從事慈善事業。他曾與近代著名學者康有爲交往，他們常常一起討論漢學。1922年威廉到北京，任北京大學教授，1924年返德。

威廉原來就有諾斯替的思想，當他從中國得到此書時，眞是如獲至寶，因爲他看到了《太乙金華宗旨》內蘊藏著大同性的宗敎觀，內有百敎例如基督敎、祆敎、佛敎、景敎、摩尼敎、回敎等等的影響。

威廉的知識源自英籍猶太裔匈牙利人，考古學家斯坦因 (Aurel Stein) 和法國人伯希和 (P. Pelliot)，他們於1907年從中國吐魯番和敦煌，把大量的考古文物竊運到西方。在西方列強瓜分中國時，以英日兩國勢力最大，德國居其次，是和英、美、法、日競爭的帝國主義國家，他們占據了山東。威廉旣懂得醫學，又是神學家和傳敎士，他對西方的正敎基督敎不滿意，而執意追求東西方的聯合文化和大同世界。他曾引用德國詩人歌德的一句話：「東方與西方，它們的分離不會久長。」

後來，他返回德國以後，無法忍受歐洲人的傲慢，以及科學技術發展帶給人類的壓抑，以至憂鬱成疾而終。

榮格在1924年就聽過威廉講學。理查德·威廉認爲，呂洞賓

創金丹教後，改革了漢代以來膚淺的道教巫術，使煉丹術的神跡變爲心理進程的象徵。他的學識和思想，對榮格有很大的啓發。威廉並發現，榮格的頭腦和思維同中國學者有些相像，這給了榮格很大的鼓舞。榮格又從《太乙金華宗旨》中看到，中國的聖人先賢原來也是用同樣的象徵和意象，更使他喜出望外，於是認識到自己的心理學發現的普遍意義，並重新評估了自己工作的價值。他說:「威廉給我的文本幫助我挣脱了這種窘境，這本書包含著我在諾斯替教資料裡徒勞無功地尋覓的精闢篇章。」並且說:「我只能強調這樣的事實，卽《金花的祕密》首次爲我指明了正確的方向。」❷

1929年，他們合作出版了《金花的祕密》，其中包括威廉翻譯的《太乙金華宗旨》的譯文及其對文本的闡釋。威廉特別邀請榮格寫評論，榮格感到非常高興和榮幸，寫了一篇精采的評論。

1930年，威廉逝世。1931年在榮格的支持下，貝尼斯 (C. F. Baynes) 據德譯本譯出的該書英譯本問世。在英譯本中，依照榮格提出的要求，這篇在德文初版中排在前面的評論被撤到威廉的闡釋和譯文的後面。

榮格從未到過中國，也不懂得漢語，他非常感謝理查德·威廉的幫助。在〈紀念理查德·威廉〉(在慕尼黑追悼會上的致詞，1930年5月)裡，榮格這樣談及他與威廉在人文學科領域的相遇:「心靈的火花點燃了智慧的明燈，而這注定將成爲我一生中最有意義的事件之一。」他盛讚威廉是「中國智慧的偉大解釋者」。「只有一種包羅萬象的人性，一種洞察全體的博大精神，能

---

❷ 榮格，《金花的祕密》德文第二版〈序言〉。

夠使他面對一種深相悖異的精神，毫無保留地敞開自己，並通過以自己的種種才能爲它服務來擴大影響。他獻身這一任務時所懷有的那種理解，沒有絲毫基督教的反感和歐羅巴的驕橫，充分證明了這是一顆眞正偉大的心靈。」

(二)《慧命經》

滿族的宗教傳統是薩滿教，道教在清朝受到冷遇甚至迫害，許多道教團體轉入地下，這些祕密團體的經典也祕密傳播。威廉的文本即得自祕教團體1920年的重印本，這個文本當時只印了一千冊。其中包括《太乙金華宗旨》和另一部冥思著作《慧命經》。

1926年，威廉曾爲《慧命經》寫了簡介，並讓他的一位合作者，美茵河畔法蘭克福中國學院祕書L. C. Lo博士譯成了德文。譯文經他校訂後，發表在《中國科學與藝術文獻》（1926年，頁104-114）。1957年收入德文第五版，1961年，又由貝尼斯譯爲英文，收入英文修訂版中。在《金花的祕密》最初的譯本中，沒有收入《慧命經》。但榮格當時看到了這篇文章應無疑問。

《慧命經》著於1794年，著者爲清代禪師柳華陽。柳華陽生於江西，後在安徽雙蓮寺當和尚。他以禪師而學道，繼明伍守陽（1565-1644）以道釋佛，而成爲伍柳派的代表人物之一。《金蓋心燈·卷四》記載：「嘉慶四年，有僧稱柳華陽者，寓京師之天壇東側，年約四五十許，有謂安慶人，有謂武進人，余慕而造訪，出示著書⋯⋯」❸ 在《慧命經》裡，他用道教內丹來解釋佛

---

❸ 任繼愈主編，《中國道教史》，頁650。

教的舍利，菩提，法輪等等，影響很大。因此《慧命經》表明了道教對佛教的滲透，具有強烈的佛道融合色彩。

(三)《太乙金華宗旨》(《金花的祕密》)

《太乙金華宗旨》初版於乾隆時代。威廉在闡釋中說:「《太乙金華宗旨》的木版印刷可以追溯到十七世紀。編者描述了在北京的一條經營書籍和古物的老街琉璃廠所發現的殘本上，注明著這個時間，還告訴我們，後來他怎樣用一位朋友的書補全了這個殘本。」

《太乙金華宗旨》出現在乾隆年間並非偶然，是與當時的政治背景有著密切聯繫的。乾隆是清朝的第四代皇帝，在位六十年。他雄才大略，風流儒雅，文治武功，均有建樹，人稱其時為「乾隆盛世」。他擴展疆域，所編之《四庫全書》，集文化典籍之大成，囊括了我國古代政治、經濟、軍事、哲學、歷史、文學藝術和科技等重要著作。他工書善畫，寫詩最多，造詣既深，鑒賞力亦強，曾六下江南，九朝曲阜，十一次登泰山，留在人間不少珍貴的墨寶和題詞碑刻。然而他也是歷代王朝中，與文字獄及焚書最多的帝王之一，比秦始皇焚書坑儒有過之而無不及。因此在乾隆晚年，人心背離，人們逃避現實，紛紛趨向宗教，尋找心靈的寄託。

到了二十世紀二〇年代，西方列強欺凌中國，國內軍閥混戰，政治經濟混亂，中國人民處於水深火熱之中。人們尋求心靈寄託，因而興起靈力、魔術、迷信、靈媒，以及巫神召靈等等，並出現了扶乩、碟仙等怪事。同時也出現了反清的金丹教等宗教

團體，《太乙金華宗旨》也祕密再版了。

　　該書講解靜功的習練，其內容卽爲現代道教學家陳攖寧所言之「平坐守眉間」的「清靜獨修法」❹。任繼愈主編的《中國道教史》中說：「托名呂祖占降的《金華宗旨》從存神於兩目及眉心三點練起」，爲「假扶鸞所造」。換言之，在道教典籍中，它並不屬於很精粹的部分，更接近於比較普及的讀物。可是，榮格卻通過這本小冊子，研究了中國的煉丹術。榮格認爲，《金花的祕密》不僅是一部中國瑜珈道教的書，也是一部煉金術的書，而且，煉金術的性質正是其本來的意義。他在自傳中說：「這些煉丹術士們的體驗也曾經是我的體驗，而他們的世界，在一個特定意義上面也是我的世界。……我找到無意識心理學的歷史對稱物了。無意識心理學從此建立在一個歷史的基礎上了。與煉丹術相比較的可能性也與精神的繼續一樣，在追溯奧祕的時候爲無意識心理提供了物質實體。」

　　《太乙金華宗旨》內收集了呂洞賓的言論。呂洞賓名岩，字洞賓，號純陽子，唐京兆人，曾浪跡江湖，雲遊四方，並在中國道教聖地武當山修煉氣功。在「八仙過海，各顯神通」的傳說裡，呂洞賓是八仙之一。威廉認爲，隨著時間的推移，民間流傳下來許多關於呂洞賓的神話故事，但呂可能是金丹教的創始人。而《太乙金華宗旨》的口頭流傳遠比其成書印行的年代要早得多，可以上溯到西元八世紀，唐朝發展起來的金丹教。

　　《太乙金華宗旨》帶有濃重的道佛二教，以至道佛儒三教融合的色彩。榮格很欣賞這部書，認爲它是提高西方思想的奠基

❹ 陳攖寧，《道教與養生》，頁379。

石。 運用道學的方法， 可以達到諾斯替教義中所說的「諾斯」（gnosis，知識），使榮格認知到東西文化合璧的至關重要。

他努力研究印度的軍荼利冥思體系。在道家思想影響下，他不再把軍荼利 (kundalini) 看作一個生物學體系。當然，更不應將其方法低估爲一種體操運動。榮格比較了曼荼羅 (mandala) 與靜修法，把金花視爲自我完整性的原始模型。榮格還爲之畫了一個金花圖。

曼荼羅基本上是宇宙的表象，是諸神聚會的聖地和宇宙力量的聚集點。人則是宇宙的縮影。在精神上進入曼荼羅，並向其中心前進，象徵著宇宙的分解與復合。

軍荼利冥思方法原是印度宗教的一部分，是意識的轉變，如旅行的地圖，是一種靈魂的曼荼羅。不僅在印度宗教密宗裡，而且在許多古老的宗教中，都有同樣的概念與實習。他們在舉行宗教儀式和修習禪定時，都使用這種象徵性的法物。這種靜坐冥思的修行， 被稱爲坦陀羅主義 (tantrism) 或密教瑜珈術， 英文爲 tantric yoga。這是一種崇拜女神軍荼利 (Kundalini) 的教派的儀式。軍荼利女神是一條蛇。實習者要將她喚醒，她的力量象徵著精神力量，它居於人的腦髓之中。如要使它達到意識的境界，則要用冥思的方法，使之上升到腦部。

「金花的祕密」，就是怎樣利用想像力來把「光」流通。「光」的運用、內省和觀察，很可能是受摩尼教的影響。摩尼教是中國古代維吾爾族的國教，在西元 788-844 年傳至吐魯番，是諾斯替教和基督教的化身， 也是諾斯替教的支流， 被西方斥爲邪教。「光」的說法是來自中東的拜光教，是受了祆教的影響，祆教就是拜光的。光的概念也影響了佛教，如佛教口宣佛號時，稱「無

量光佛」。

冥思分四個階段:

第一階段: 靜坐、聚光、坐禪。

第二階段: 思及新的本質與存在, 如嬰兒現形。

第三階段: 端拱冥心。

第四階段: 游雲。

　　光的巡廻與流通, 能使冥思者看到金花, 達到魂與魄的團聚, 道家的兩極合一, 也就是榮格所說的 union of the opposites。冥思猶如孕婦與處女般的細心, 和克服道胎和出胎的痛苦。

　　在中文的西文翻譯中, 陰陽兩字沒有對應的西方文字可用, 只好音譯為 yin 和 yang。性命則譯為 human nature。性可譯為 Logos, 命可譯為 Eros。

　　Logos (邏各斯) 原則的創始人, 是亞力山大里亞城的斐洛 (Philo of Alexandria, 西元前15/10-？)。他是耶穌的同時代人, 處於唯物論占上風的亞力山大時代。亞力山大的老師是唯物論的一位健將亞理士多德, 他們看到等號 (=) 是一個不同尋常的符號, 而邏各斯這個字也有等號的概念。後來這個字被基督教所採用, The word Logos is often equates with Jesus。於是耶穌=神。First is the word, then everything comes。第一是這個字, 其次為萬物。有了耶穌就有了榜樣, 他宣博愛、愛鄰居, 甚至愛敵人。邏各斯是上帝的聖旨, 也是「理性」,「理念」, 這是西方的「道」。

　　Eros 乃是偉大的愛, 包括「性愛」與「博愛」。它是希臘愛神的名字。現代的希臘文中,「愛」字為 agape, 愛教會, 愛妻子, 都說 agape, 是內藏的, 含蓄的愛, 比 eros 斯文一些。

　　氣譯爲 vital energy，音譯爲 chi 或 qi，是指呼吸的氣，是一種能。精靈爲 daimons，鬼爲 ghost，神是 deity。

　　對於任何理論和文章，人們都不免見仁見智。我認爲，威廉的《金花的祕密》的譯文，有其欠妥之處，願提出來與讀者共同探討。

　　在《金花的祕密》中，威廉爲讀者畫了一幅圖，把生命之樹「喀巴拉」和道家的冥思系統綜合起來。其中把「魂」誤譯爲阿尼姆斯 (animus)，而把「魄」誤譯爲阿尼瑪 (anima)。榮格因爲不懂中文，也只能隨之誤讀。我認爲「魄」應譯爲animus，氣魄與精神相近，是陽性的，是依附形體而存在的，氣和光皆是「能」。「魂」應譯爲 anima，是陰性的，是依附氣體而存在的，一個女人心中的男士叫作 animus，而一個男人心中的女性爲 anima。找到愛人，是魂和魄的投射。

　　「魄」在人體內，控制人的呼吸，因此稱之爲「有形的肉體靈魂」。「魂」代表意識，因此稱之爲「意識的靈魂」。

　　威廉認爲阿尼瑪爲低一層的靈魂，稱阿尼姆斯爲高一層的靈魂。他的推論是來自基督教和邪教理論的影響。他認爲西方本來的阿尼瑪是智慧神蘇菲 (Sophia)，但是被物質世界和邪惡的暗影迷惑了。阿尼姆斯代表男性，在人死後，阿尼姆斯可升爲神，而阿尼瑪則沈淪下去。他也受了中國封建社會重男輕女思想的影響，因而把魂譯爲阿尼姆斯，把魄譯爲阿尼瑪。又因中國道教沒有把性別分辨得像西方那樣清楚，遂使威廉把魂誤以爲是男性所擁有的，而給讀者帶來許多意義的混淆。就在這個十字路口上，榮格受到誤譯的影響，認爲阿尼瑪不是超驗的，而是經驗的。

　　在深深的冥思和反省中，或在出神的經驗中，可以意識到潛

意識內的阿尼瑪形象。 阿尼瑪和賽克神 (Psyche) 皆是女性的形象。針對現代西方世界物質主義過度膨脹， 人們對阿尼瑪認識不清， 魄太過於衝動， 榮格寫了一本書， 題為《現代人尋找靈魂》。

《金花的祕密》譯本中，有衞禮賢所作的評論。他的思想受到過猶太教神祕哲學 (kabbala)「喀巴拉」的影響。「喀巴拉」的原意為傳授之教義，是西元前在諾斯替教影響下產生的，其象徵是「生命之樹」或「人體之樹」， 是指人體各器官相互作用，以及雙向流動情況。 人腦是複雜情況分析綜合的「交換所」， 由大腦分析綜合一切傳來的信息， 經協調整理後， 成為意識， 再下達指令。「喀巴拉」有十個神媒 (vessels， 容器)， 用神祕主義來解答宇宙的起源。人體樹的神媒以及與人的關係， 如生命之樹圖所示: 圓圈為神媒vessel (容器) 煉金爐，身體、船身、神媒像輪，軍荼利冥思的輪也是神媒。該圖如梯子一般地逐階上升去朝聖，思考亦然，層層升高，這是受了亞理士多德的影響。

《金花的祕密》(*The Secret of The Golden Flower*) 並非單純的翻譯，而是憑藉自己的認知而加以詮釋。該書中的種種論點，極為廣泛地影響了二十世紀西方的心理學和神話學，並在宗教界引起了紛爭。因為基督教和猶太人以及希臘的精神要求人類去征服宇宙，西方科學的飛躍發展又使人們喪失了靈魂，衞禮賢和榮格揭示了西方潛伏的危機。榮格也因此反對教堂的三一教條，認為要加上四即已，也就是魂，才會更完善。而三一只是注重精神方面的，有些偏頗。

（四）道家思想與道教

　　衞禮賢和榮格同是出於德國基督教淸教徒的家庭，自幼就受到基督教淸教和諾斯替思想的潛移默化。這種滲透到靈魂深處的諾斯替思想，時常在他們的學術理論中露出端倪。他們用這個觀點，看到中國的道家旣不依附於教堂，也沒有武斷的教條主義，因此非常欣賞中國道家思想和道教文化。

　　道教是中國固有的傳統宗教，對我國哲學、文學、藝術和科學都產生了重大的影響。道教以《道德經》教化人民。其作者是老子，所以這部書也稱爲《老子》。老子是我國春秋時代的思想家，道家學派的開創者，姓李名耳字聃，也有人說他姓老名重耳字伯陽。他是楚國苦縣厲鄉曲仁里人，就是今日的河南鹿邑東，厲鄉，曲仁里。《史記》記載了他寫《道德經》的經過：「老子修道德，其學以自隱無名爲務。居周久之，見周之衰，遂去。至關，關令尹喜曰：『子將隱矣，彊爲我著書。』於是老子著書上下篇，言道德之意五千餘言而去，莫知其所終。」《史記》的作者司馬遷說，老子活了一百六十多歲，或二百多歲。老子是東周宋藏室的史官，見周衰弱，離周入秦，過函谷關時，爲關令尹喜留下五千多言的道家理論著作。尹喜是老子第一傳人，到了武當山，根據老子的教導，進行修煉而得「道」。

　　《道德經》以五千言凝成的精華流芳萬世。其第一章說：「道可道，非常道；名可名，非常名。無，名天地之始；有，名萬物之母。故常無，欲以觀其妙；常有，欲以觀其徼。此兩者同出而異名，同謂之玄。玄而又玄，衆妙之門。」旣唯心又辯證，圓融

而自然。其第二十一章裡說:「道之爲物,唯恍唯惚,惚兮恍兮,其中有物,恍兮惚兮,其中有象,窈兮冥兮,其中有精,其精甚眞,眞中有信。自古及今,其名不去,以閱眾甫,吾何以知眾甫之狀哉? 以此。」講的就是恍惚中,對道的感知。

老子講的道,是物質運動的規律,不僅是哲學的,而且是物理學的。萬物遵循「道」而來,旣是宇宙觀,也是社會觀。老子的智慧要把情感、思維、想像、直覺、靈感、潛意識等融匯貫通。它的神祕深邃的力量,將征服整個人類。陰陽及其分合轉化都是神祕的,有待人們去研究,以揭示其奧祕。

道家的冥思方法,曾被西方世界認爲是神祕、玄虛、不可理解,甚至是邪惡的文化產物。他們有些人認爲冥思乃懶漢所爲,而且是叛逆上帝的行爲。因爲道家不承認世界萬物是神所創造的,而是「道生一,一生二,二生三,三生萬物」。在道家看來,萬物乃是陰陽二氣的統一,萬物散者爲氣,聚者爲形。

自從弗洛伊德揭示了「無意識領域」的存在,榮格推開了這扇大門,洞察了其中的奧祕。他「獨具慧眼識眞人」,道家的思想和冥思方法,以及衞禮賢所引進的中國寶藏,使他欣喜萬分。從而使他創造的分析心理學不僅從西方神話,邪教,見神論,魔術和煉金術等方面,也從中國哲學和宗教裡找到了更翔實的理論依據。榮格是否閱讀過《道德經》,讀的是何種譯本,目前尚未找到確切的依據,但可以肯定他從其他有關譯著裡,早已了解了「道」的概念。1920年時,他就已經在談論「道」了。《金花的祕密》所宣示的道學,無疑豐富了榮格的心理學思想。

在道教環形的宇宙觀中,精神和物質是統一的。宇宙中的一切,日夜之分,陰陽之別,都是調和的,圓融而自然。意識是物

質，統一爲氣，氣生萬物。「萬物負陰而抱陽，冲氣以爲和。」（《道德經》第四十二章）這該是中國人思考的原始模型。榮格稱之爲「中國思想原型」(archetypal Chinese thought)。

　　道家視人體爲煉丹術式的混合兩極的旋轉、流通、巡迴、是環形的陰陽關係、光的循環。得了道，事物才可以運轉。道教承認死亡的眞實性，倘若一個人不願意他的工作和成就終結，可因有內在的修煉而成爲不朽。死亡乃是由於生活不得當的緣故所致。《道德經》第五十章有一句「以其生生之厚」，謂善於攝生者可以免除一切災難。

　　煉丹術是中國的瑜珈，它比西方的瑜珈要全面一些。yoga是梵文，和 yoke 的意思「軛」一樣。耶穌曾用過這個字，人皆以爲他到過印度，懂得瑜珈。從西方心理學的觀點看，煉丹師的努力，是培育「意識」，使它不斷地照耀著，這就是西方的所謂「性命」。「性」者乃理性，來自上帝的聖旨，即是西方宗教界所說的邏各斯。邏各斯說: I have come and thou shall have life (我來了，你就由此而得性命)。這就是意識，沒有意識，就等於沒有性命，那麼生活則是一種死亡的遊戲。但是，中國道教的目的並不是到上帝那裡，他們是與上帝有永恒的緣合，他們是要有生命，有環性，創造眞空內的環狀體，這與西方諾斯替思想大同小異，如同諾斯替派所說的「普累若痲」(pleroma)。

　　西方的魔術圈 (magic circle) 也是用同樣的方法。魔術師站在魔術圈內，揮舞著魔棒作法，呼風喚雨，以此控制和支配「能」的體系。能的體系 (energy system) 是不可缺少的，也是不能毀滅的。所以當一個人站在魔術圈內時，會受到保護而不受傷害。

　　道家的環形太極與西方魔術的象徵意義相似。不過因道教有其還原與減退的還原主義現象，而有被誤解之處。

　　西方思想以「人」爲中心，而道家認爲人在大自然之內，內外必須協調融洽。西方用大自然來表達他們的靈魂或心靈，無論西方用什麼辦法作爲他們精神訓練的體系，例如占星術、猶太神祕主義或心理學等等，一般全是個人的投射。西方的態度是靈力投射在某一事物上，或某一器官上，或大自然中。例如弗洛伊德起初以爲所有病原皆來自鼻子，後來才提倡「泛性論」。

　　從這個角度不難明白，何以道家煉丹術有五個元素：金、木、水、火、土，而西方只有四個元素：水、火、土、氣，印度也有五個元素。

　　道家的金與西方煉金術的太陽一致，而木與西方的月亮相同。木有腐蝕性，象徵著思想可以改造。木可供雕刻，人像木一樣可以塑造。道家的左右眼，下腹部和脊椎骨可以一齊協調動作，但猶太人的神祕體系，獨特地把腳也包括在內，大有腳踏紅塵的意思。而道學和軍荼利都不把腳包括進去。道家認爲，血液和精子同等重要，是「能」，不可輕易丟失。在體內，這種「能」可以產生力量，是健康和長壽之本。現代心理學家也認爲，「靈力」不可外流，是供給心靈，精神和靈魂的養料，不應輕易地浪費而造成疲勞。精子外流，產生各種各樣的疾患。

　　道家預見到必須控制人口，提倡「禁欲」，這也是猶太神祕主義中所謂的基礎（yesod），是性欲的原則。在軍荼利體系的修煉裡，也包括有最下層的「基礎輪」。

　　金色的精液環繞於人體之內，流過水至木。道家認爲，腎是很重要的器官。道家喜用橢圓形（腰形）的圖，那是僧侶院的象

徵，　是一種心理機制。　我想現代的醫學家也不清楚腎的心理機
制。道家冥思方法或內經的概念，是西方現代醫學很難接受的心
理機制。

　　木象徵著知覺，意識是從木處上升，這一點與西方的煉金術
不同，西方的水是代表感覺，土是代表知覺。西方基督教注重
「視野」，榮格有此傳統，所以注重「想像力」，諾斯替思想稱之
爲「普累若麻」式的視野。

　　中國的煉丹術與印度的瑜珈不同。印度瑜珈是上升的，一切
都向上指向意識。而中國道家主張環形流動，光在人體內環繞，
煉丹術所用的器皿是身體，有些像西方煉金術中的「哲人石」，
它可飛到上帝那裡，找到知識後再重返大地。榮格非常重視道家
的主張。

　　道家以人的下腹爲中心，此乃男性的功能，是「能」與「自
我」，「己」與「原型」的調合。道家是講究用「氣」的，「氣」
乃是一種「能」，或「光」。中國氣功講究「煉精化氣，煉氣化
神，煉神還虛，煉虛合道」，這就是緣於道家的「氣」。太極乃
氣，陰陽二氣組合，出現新天地。新天地生萬物，萬物負陽而抱
陰，冲氣以爲和，萬物又融合於氣中，如此循環不已。

　　埃及的古代紙草文物，反映出古埃及人有兩種靈魂的概念。
一種是 ka-soul，人死後，這個靈魂像烏鴉似的飛出體外（我們
稱之爲魄）；另一種 ba-soul 則巡迴在死者體內（我們稱之爲魂）。
希臘自從有了雅典文化後，發現人有自由靈魂（free soul）和
體內靈魂（body soul）之別，到後來，絕大多數人只崇尚一個
自由靈魂了。在亞歷山大帝之時統一了認識，直到後來，新柏拉
圖思想的發展使他們崇拜一個神，那就是上帝，猶太基督教就此

滲入。有的學者認爲「自由靈魂說」出自西伯利亞巫神黃道士，但未獲得其他學者的響應。

中國道家沒有深一層的靈魂和高一層的靈魂之分，魂魄亦卽附氣的靈魂和附形的氣魄，兩者聯合起來形成兩極附合的原則。魂居於眼，魄居於腹，兩者聯合，有些像西方心理學的「自我」和「里比多」。二者結合才能產生兩眼的「龍虎交媾」的精神作用（雙目凝視著煉金爐，像龍虎交媾般），才可視覺到「中庸之道」。

在道教裡，有人說人死後，眼，鼻，口，耳等七竅出血。魂魄是鬼，是影子。它們無性別之分。魄是白色，魂有些暗影。這點與西方不同。西方人注意性別。魂魄實際上就是西方所指的精靈（daimons）。在道家眼裡，鬼不一定都是邪惡的，西方則認爲魔鬼都是邪惡的。

（五）《易經》

另一部對榮格心理學思想的形成產生深刻影響的中國典籍，是號稱「群經之首」的偉大經典《易經》。榮格之受惠於《易經》，也同樣應歸功於理查德·威廉的《易經》譯本。榮格把《易經》的翻譯和評註視爲威廉「最偉大的成就」。

《易》是中國古籍「五經」之一，對西方人具有巨大的吸引力。西方文明中最偉大的學者和哲學家之一，德國的萊布尼茨（Gottfried Leibniz, 1646-1716）就曾研究過《易經》，並對《易經》的思想推崇備至。清康熙年間，一些西方學者從事《易經》的翻譯和研究工作。如法國傳教士白晋（Joachim Bouvet），

他曾爲患瘧疾的玄燁用剛剛發現的金鷄納療治，1710 年始研究《易經》，前後歷時六年，並用拉丁文著《易經要旨》，稿本藏於巴黎國家圖書館。劉應所著《易經槪說》，於1728年刊行。法國人雷孝思 (Jean-Baptiste Regis) 的譯本附有評介和注疏，但 1834-1839 年才出版，名爲《中國最古典籍「易經」》。榮格所看到的譯本是英國漢學家詹姆士・列格 (James Legge) 的譯本 (1882 年出版)，但這本書譯得不很好，雖然列格在香港，有中國學者幫他出版，書出得很精緻。而且列格不可能擺脫自己的英國帝國主義和西方科學主義的觀點，貶低了中國文化的價值。〔佛學家約翰・布魯風 (John Blofeld) 也譯了《易經》，但其譯著過於宗教化了〕

　　威廉對中國文化底蘊有所領悟，切切實實地下了一番苦功，並得到中國學者勞乃宣的幫助，所以譯文較好。他的譯本使《易經》和中國文化贏得了西方的尊敬，我們中國人亦不應忘記他對中西文化交流的貢獻。

　　榮格當然能夠識別這兩個譯本的差異。他高度評價了威廉的貢獻，更高度評價了《易經》：

　　　威廉成功地以新的形式，使這部古代著作重新獲得了生命。不僅許多漢學家，而且大多數的中國人，都不能看出其真正的價值而把它僅僅視爲荒謬的巫術符咒的滙編。很可能再沒有別的著作像這本書那樣體現了中國文化的生動氣韵。幾千年來，中國最傑出的知識分子一直在這部著作上攜手合作，貢獻努力。它歷盡蒼桑歲月卻依然萬古常新，

永保其生命與價值。❺

　《易經》流傳於世已有兩千多年的歷史，內容包括古代戰爭、祭祀、婚姻、農業等，具有歷史的意義。由於它採取占筮的形式，依據舊筮辭編纂而成，所以含有占筮的成分。又用八卦來解釋內容，從這個角度來看，也可以說，它是一部哲學的書。至於該書的作者和成書的時間，由於年代久遠，其說不一，難於查考。後代爲其浩繁的內容，哲理性的雋語所吸引，不斷地對《易經》進行研究，並加以注釋。古今中外說「易」的著作，卷帙浩繁，洋洋大觀，不下兩千多種。但歷代各派學者各取所需，各有特色，也各有各的看法。例如老莊注《易》，明顯地帶著「玄學」色彩。日本學者本田成之也進行了考證。但《周易》的作者和成書的年代，至今仍爲千古之謎。

　《易經》是中國最古老的文化典籍，一直被譽爲「群經之首」。「伏羲畫八卦」，「文王演周易」，奠定了中華文化的根基。《易經・繫辭傳》說：「古者包羲氏之王天下也，仰則觀象於天，俯則觀法於地，觀鳥獸之文，與地之宜，近取諸身，遠取諸物，於是作八卦，以通神明之德，以類萬物之情。」這段話充分表達了中國古代「天人合一」的哲學精神。

　《易經》通過一整套符號來表現宇宙的原型。連續的短線是陽爻，也可稱剛爻或「九」，中斷的短線是陰爻，也叫柔爻或「六」。伏羲氏在位一百一十五年，傳十五世的帝王，爲「三皇」（伏羲、神農、燧人）之首。他以三爻爲一組，畫出八個圖形，

---

❺ 榮格，《心理學與文學》，頁249-250。

是爲「八卦」。又使八卦兩相重疊，而演變出六十四卦。「爻」表示交錯和變化，《易經》用爻卦象徵天下萬物的動態變化。起初有圖無辭，後來周文王寫了卦辭，文王之子周公又寫了爻辭。孔子也爲《易經》作了解釋。《史記‧孔子世家》裡說，孔子晚年特別重視此書，「讀易韋三絕」，因反覆閱讀，串連竹簡的皮帶竟斷過三次。他願意花費五十年的功夫研究《周易》。

　　八卦圖在中國是非常流行的圖畫，具有科學的幾何學原理。但有「伏羲八卦圖」和「文王八卦圖」之分。中國大陸中央電視臺製作的《中華周易》，形象而直觀地表現了二者的互異和生動的統一。

　　在中國古代傳說裡，伏羲是人首蛇身或頭生兩角的文化神。新疆吐魯番盆地高昌故城城郊的阿斯塔那古墓群裡，不少墓室頂部都有一幅絹或麻布的「伏羲女媧圖」。伏羲和女媧都是傳說中的始祖神，圖中，他們是人身蛇尾，尾部互相纏繞以示交合。他們手中拿著規矩，他們的周圍是日月星辰。令人驚奇的是，該圖中尾部的雙螺旋結構，恰與人體遺傳基因 DNA 的結構相似。這種神祕的一致，似乎賦予此圖以新的意義，聯合國教科文組織的刊物《國際社會科學》1983年試刊號，其首頁插圖就選用了一幅「伏羲女媧圖」，圖名改稱爲「化生萬物」。所用的圖是數十年前被竊走的，現存美國波士頓藝術博物館❻。

　　《易經》本是占卜的書，也幸而如此，才免於秦始皇焚書之災。它基於陰陽交互作用，把宇宙萬物納入一個完整的系統，又經聖哲先賢的闡釋發揚，形成具有鮮明東方智慧特徵的偉大哲學

❻ 王炳華，《吐魯番的古代文明》，頁151-152。

思想。它既是儒家經典，也是老子深湛思想的源泉。現代物理學所取得的科學與理性的偉大成果，同東方和中國古代直覺智慧與整體宇宙觀念之間，存在著驚人的相似，遂使《易經》及其有關思想受到西方和全世界空前的重視與推崇。現代西方最著名的學者和科學家，幾乎無不從中汲取智慧和靈感，無不驚喜地發現他們的思想與《易經》合諧一致。丹麥物理學家玻爾 (Niels Bohr, 1885-1962) 1937 年訪問中國時，發現他的互補性原理早已以另一種形式存在於中國哲學傳統之中了，這給他留下非常深刻的印象，以至後來在他獲得爵士封號時，特意選擇了中國的太極陰陽魚圖案來裝飾他的盾形紋章。一些西方學者把太極圖稱為「天賜的象徵」，或「東方魔符」。

榮格也不例外。他看到《易經》與現代自然科學的概念皆有相通之處。如在化學上，八卦排列可以比擬化學元素的各種呈現，又與生物學的遺傳密碼，天文學和物理學的相對的時空一致，並有創造性的看法。他更看到《易經》轉變人類心理的巨大力量，認為它能夠補救西方精神的片面發展。把這種中國精神的生命胚芽接種到西方人身上，會使他們的世界觀發生根本的變化。他說：「這是一個阿基米德點，憑借這一個點，我們的西方心態將被撬離其基礎。」❼

榮格曾邀請理查德·威廉到蘇黎世心理學俱樂部作過關於《易經》的講演。威廉甚至還用《易經》作了一個預測，而且不到兩年，這個預測就應驗了。《易經》對事物相互關係透徹的破解，令人驚奇不已。

---

❼ 榮格，《心理學與文學》頁250。

　　榮格的「同時性」理論就是在《易經》的影響下形成的。他在自己的著作裡，多次談到他對英國人類學會的一位主席提問的回答。那位先生所提的問題是：「像中國人這樣具有高度智慧的民族何以沒有科學成就？」榮格回答說：「這一定是一種視覺錯誤。因為中國人確有一種科學，它的標準經典就是《易經》。」❽他又解釋說：「他們有科學，但你不理解它。這種科學不是建立在因果性原則之上的。」❾榮格指出，因果性原則並不是唯一的原則，這對於西方人來說是不可理解的，西方甚至還沒有相應的稱謂來表達這一原則。榮格發現，《易經》所表現出的古代中國智慧，毫不關心西方「因果關係的偶像」，它所遵循的不是因果性原則，而是同時性原則。榮格受到《易經》的啟發，提出了「同時性」理論，而在《易經》譯本的〈序言〉裡，榮格又以其「同時性」理論來解釋古代中國智慧的各種現象。

　　榮格對同時性有很深的體驗。這裡，可以舉出一個與《金花的祕密》有關的實例：1928年，榮格畫了一幅曼荼羅圖，中央是金色城堡，四周環繞著城牆，還有護城河和其他建築。畫完以後，榮格意外地發現，這幅畫的構圖和色彩很像中國畫。接著，他就收到了理查德·威廉的來信和《金花的祕密》的譯文。在他的內心深處產生了與中國文化的共鳴，他認為這就是「同時性」。

　　用《易經》占卦，平均每一問可以得到數百個答案，如用「合時論」觀點，就可從中選出對占卦者適合的答案。但所有答案的模式都是相同的，其程序是：(1)精確的進行方向；(2)警

---

❽ 榮格，《心理學與文學》，頁250。

❾ 榮格，《分析心理學的理論與實踐》，頁73。

惕;(3)準備;(4)讓步退守。我們看到的每一個答案,都是經過古聖先賢苦心思慮,將前人的經驗總結、分析、綜合、歸納,提煉而成的警世之言。而現代人往往忽略了那些涵義深邃的影射。

《易經》沒有對未來的預言,它不是一般的「神諭」,這裡沒有宗教的成分。但是,《易經》可以促使人們內心深處的悔悟,道德觀念上的轉變。它的答案往往遵循著一定的軌道和模型,因而不會使占卜者感到「異化」。《易經》奉勸占卜者如何將主、客觀融爲一體,順依環境,見機行事,這與榮格心理學上的「同時論」不謀而合。

《易經》裡所說的「謹慎」,不是泛泛地指「小心」,更不是庸俗地爲「錢」而謹慎,而是要求人們致力於「道」,「善」和大同的眞理,那樣生存才有實質上的意義,因爲生存並不僅僅是爲了滿足於個人的私欲。我們神聖的靈魂必須接受現代的時勢,才能躍進到將來。如果以卵擊石,那將會導致自己的跌倒而毀滅。所謂「識時務者爲俊傑」,那就是君子。這和榮格心理學中的「個體化」異曲同工。

《易經》比西方來自新柏拉圖思想而借用原始魔術的「妖術」進步多了。它使我們能超越佛教的「法輪」,超越時空的限度。《易經》的「易」,是我們內心的「易」,是我們今生今世的「易」,而不是等待來生的「易」。我們以這種態度使用《易經》占卦,才可以超越陰陽和劣神的官僚體系,那才是大同的道德和心理學,用之四海而皆有超驗的準確性。

西方心理學家已經看到,《易經》可以使人改善心靈世界的修養,這也是《易經》作者的目的。它不是用來作「預言」的。外在世界在變動,我們自然而然地隨之改變以求適應環境,這才

是以正確的態度看待中國的《易經》和印度的「因果循環論」。
孔子樂觀豁達的人生觀，也是講如何適應環境，怎樣才能生活於
靜態，而這也是諾斯替思想的本質。失望的情緒只會阻礙內心的
「變」，依附於物質主義更會偏離改造自我。這就是《易經》對
人生哲學的啓迪和不朽的貢獻。《易經》的理論可以縮短東、西
方的差距，那是神祕主義的統一，解決問題的關鍵。

　　《易經》對中國和世界的影響長盛不衰，在當代更呈上升趨
勢。到目前為止，西方已在世界各地成立了六十多個專門研究
《易經》的學術團體和機構。漢字「易」的字形，很像一把鑰
匙，越來越多的西方人士認為，《易經》能夠開啓神祕的宇宙之
門。而這種情形，又反過來促進了東方世界，特別是中國自身，
對《易經》的重新認識和深入探討。先進的西方有識之士，呼喚
著西方學習東方，特別是要學習中國「天人合一」的哲學精神，
並進而指明，這才是西方真正的「文化革命」。

(六)榮格心理學與東方宗教

　　每當時代動盪，社會混亂，人們彷徨歧路之際，就希望找到
一位嚮導，或去求神問卜，尋求出路。

　　人的欲望永無止境，遂造成許多痛苦。「禍福無門，唯人自
招」。英國作家王爾德（O. Wilde）說：「人生有兩種悲劇，一
種是得不到我所要的；另一種是得到我所要的。」得不到時，就
如佛教所說「求不得，苦」；然而得到了亦不會滿足，還希望得
到更多更好的。甚至悔恨付出的代價慘重，而換回來的不值。種
種怨尤，使心理失去平衡。正如荀子所說：「凡人之患，蔽於一

曲，而暗於大理。」積怨成疾，日久就會精神失常。化解的方法
只有兩個途徑：一是宗教，二是心理醫生。

世間信仰雖有不同，卻都是爲了解救人類的痛苦。宗教是人
生的超現實理想，使彷徨無主的心靈得到慰藉與寄託，讓人克服
對生老病死的恐懼，使人性恢復到原有的善良的天性。中國的
《三字經》說：「人之初，性本善。」釋迦牟尼悟道後說：「奇哉！
眾生皆有佛性。」但因人欲橫流，造成「婆娑國土，五濁惡世」。

榮格提出的「集體無意識」和「原型」等理論以及「主動想
像」等治療方法，打開了宗教心理學研究的新天地。他是對萬念
俱灰，失去生活樂趣的精神病患者進行心理治療的先驅。他曾寫
過幾篇精闢的文章，論述心理學和東、西方的宗教。他觀察敏
銳，涉及範圍廣泛，從中國的道學與《易經》、西藏的佛教、到
印度的瑜珈和日本的禪學，幾乎無所不包。他對東方冥思的研究
和提倡，爲西方讀者開闊了視野。他認爲東、西方的宗教既有區
別，又有其相似之處，而都可以成爲心理學的借鑒。

一位著名的西方心理學權威，竟對奧妙的《易經》卜卦加以
讚揚並採用，而且進一步提倡東方的「合時論」（「同時性」），
這不能不引起西方學者的震驚，但也因此使他們獲得了這方面的
認知。榮格不是一個「合時論主義」者，他所謂的同時性，乃是
主、客觀和現象符合同步，並產生了意義之合時。例如，他占了
一個卦爲「未濟」，就知道這意味著時機不成熟，仍要努力，要
等待天時、地利、人和的時機的到來。

西方的物質文明日益繁榮，人們可以盡情的享受，卻不是個
個愉快。英國作家馬格里奇（Malcolm Muggeridge）說：「我
從沒有遇到一位富有的人是快樂的，但我也很少遇到一個貧窮的

人不想變成富有的人。」過度的物質享受，常常忽略了精神文明和心性生活，因而出現許多頹廢的思想和道德敗壞的事情，例如賭博、色情、酗酒、吸毒、搶刼、勒索、欺騙，……不一而足。青年人感到生活沒有目的，人生沒有歸宿，個人安危沒有保障。宇宙茫茫，發生悲憤，愁苦和恐懼之情，陷入虛幻的失落之中。他們處於精神的饑渴狀態，才去嘗試著接受東方的宗教。但不少保守人士懷疑是否榮格也拋棄了西方的宗教基礎，而趨向東方了？對這些疑問，榮格除了加以解釋外，還寫了《瑜珈與西方》，他在文中肯定了瑜珈的心理學價值，但他一再強調，東方的瑜珈方法還不適於西方人。西方人首先應該懂得瑜珈的眞理，然後用冥思的方法打開無意識領域之門，而不是坐在榕樹下面，去幻想著所謂「非存在的意象」。西方人應該誠實地測驗自己的心靈，否則冥思時不能入靜，達不到效果。西方人應該研究東方的多元想像力，才能全面地理解。對東方文化也不應一概排斥，要待了解，觀察和研究之後再作批評。

　　東方人的精神概念是內省的，東方的宗教中所蘊涵的文化，實質上也具有其深厚的「內省」功夫。一切事物在心，相由心生，鑒貌知人，所謂「心物不二，一體圓融」。《六祖壇經》上說「佛向心中作，莫向心外求。自性迷卽是眾生，自性覺卽是佛。」

　　人生中，越到老年，越內向，越成熟，這是極其自然的規律。就像水中蓮花，破土而生，開花結藕一樣的眞實，一樣的自然。世間曾流傳著兩個禪宗的偈子。神秀和尚未悟道之前，作的偈子是「身是菩提樹，心爲明鏡臺，時時勤拂拭，勿使惹塵埃。」另一首是六祖慧能大師所寫：「菩提本無樹，明鏡亦非臺，

本來無一物, 何處惹塵埃。」說明悟道之後可以達到無私, 無欲, 無邊, 無界的境地。

內省可以沈靜身心, 淨化心靈, 滋生出一種虔敬與謙虛的性格, 使心胸開闊, 能寬容一切。清朝禁煙大臣林則徐說:「海納百川, 有容則大; 壁立千仞, 無欲則剛。」慧律法師在《佛心慧語》裡有兩句話說得很透徹:「與人相處之道在於無限的容忍。」就連傲視一切的權威尼采也說過:「一個人要像大海一樣地寬容一切, 連污穢也容納進去。」《聖經》上也是教導人, 凡事寬容, 凡事忍耐。有了這些修養, 進而產生對人類奉獻, 造福人類的心願, 以及自我犧牲的精神。如美國的感恩節, 祈求神的祝福, 得到個人和家庭的安詳; 對人類來說, 就是祈求世界和平, 增進人類的友愛與福祉。

在美國南北戰爭之後的重建階段, 促進大企業興起的因素, 是美國人靠自己的力量獲得成功, 而不受門第觀念束縛的傳統, 激勵著人們發揮自己的想像力, 去開拓新的事業。此外, 還有一個重要的因素, 就是清教徒的道德觀對美國人的影響。他們認為上帝賞罰分明, 勤勞勇敢的人必得更多的物質獎勵, 而對懶漢則會加以懲治。這種被廣泛接收的信仰, 賦予企業一種道德標準, 而在這種標準下, 獲得成功是無可置疑的。

榮格心理學與佛教同樣地注重「心象」, 奇異而不尋常的「心象」乃禪宗啟蒙之道。榮格的方法是採用挑選, 歸納和積極地整體化, 他是西方少見的「奇才」。在英國著名的西藏學家溫慈譯的《西藏度亡經》的引言中, 榮格說: 西方人要實證和效果, 否則就認為都是主觀體系而已。東方人注意內向, 所謂「內觀」, 印度教說的是「幻覺」,「嘛耶」就是指「內觀」而言。東、西方

文化各有各的理解，也各有長處和不可忽視的價值。

　　榮格感到遺憾的是西方人過於注重「自我」，以至常常使「自我」和「精神」發生矛盾。榮格也認為西方人注重物質生活，是使他們產生煩惱的原因之一。

　　東方佛教是無私忘我的，而西方宗教是以「自我」為中心。這就是二者之間的區別。

　　上述的區別，可能與東、西方的宗教教義不同有關。西方人在基督教文明的薰陶下，認為世界上萬物都是上帝的恩賜，人的生命以及一生的運勢，均由上帝所安排。距今三百七十多年前，一批清教徒離開英格蘭西行投奔新大陸，因迷失航向來到美國麻州岩石海港普利茅斯登陸。他們缺衣少食，饑寒交迫，正當孤苦無告，奄奄待斃之際，天外飛來一群火雞，大家捕捉而食，感激神送來了解饑之物，所以有了感恩節。而佛教是放生，戒殺生，主張茹素坐禪才是淨化身心之道，即所謂修身養性。

　　中國沒有國教，但中國的「敬天法祖」與「慎終追遠」，忠孝之道，既是中國倫理文化的精髓，又有宗教的神聖涵義。正如《孝經》上說：「夫孝，德之本也，教之所由生也。」中國以孝為基礎的傳統倫理文化，是視祖先為神明，如果說感恩，也是感祖宗的英靈庇佑之恩。

　　道教是我國的傳統宗教，在歷史的長河中，道教對我國哲學，文學，藝術和自然科學都產生了巨大的影響。佛教起源於印度，卻在中國得到發展。現在中國的傳統宗教和文化已漸漸吸引了西方人士，甚至於「茹素坐禪」的方法也為西方人所嘉許。

　　這一切，都是榮格所預料的。榮格曾說：「東方人生存在世界上，一方面處世，另一方面自省。」在峨嵋山上，靈嚴寺的彌

勒佛旁有幅楹聯:「開口便笑，笑古笑今，凡事付之一笑；大肚
能容，容天容地，與己何所不容。」上聯道出待人接物，處世之
道是多麼瀟灑自如，下聯寫出自我心理平衡，卽前文中所述及的
「寬容」，充分反映出佛家樂觀，豁達，平心教化的人生哲學。
有一個充實，和諧，健康的內心世界，正是榮格所希望的。

八、現代心理學家和哲學家(1928-1946)

　　1928年，榮格與理查德・威廉合作研究煉丹術和曼荼羅象徵，取得了豐碩的成果。他的思想豁然開朗，《「金花的祕密」及評論》也於1929年出版。他不僅在朋友和熟人的圈子裡紅極一時，而且成為舉世矚目的現代心理學泰斗。1930年，他擔任了心理治療醫學學會的副主席，1933年任主席。1934年又創建國際心理治療醫學學會並任主席。從1933年起，學會每年都在瑞士阿斯科納（Ascona）召開研討會（Eranos meetings），來自世界各地的著名學者歡聚一堂，從各個方面共同探討榮格心理學及有關問題。會議的論文都集中刊載於榮格主編的學會《年鑑》之中。此外，榮格還不斷地被授予世界各地著名大學，科學院及學術團體的榮譽稱號。此一時期榮格著述甚豐，堪稱是他的「黃金時期」了。

　　國際心理治療醫學學會一年一度的研討會一直持續至今，只是1951年以後，榮格未再出席。

（一）「自我」與「自性」

　　人們常常誤以為「自我」是心理的中心，而造成「我」,「自

我」，「自己」這些詞在使用上的混亂。人的心理既包括意識心理，也包括無意識心理，而「自我」只是意識的中心。因此，榮格用「自我」（ego）一詞表述意識中心，而用「自性」（self）一詞來指稱心理整體。他把「自我」限制在一個涵義清晰的範圍之內，而對心理整體予以命名，遂使人們不便繼續忽略無意識心理，以及心理的整體性。

「自性」乃一非常重要的概念。它的提出清楚地表明，榮格心理學不是一般的「自我心理學」，而是「自性心理學」。

1928年，榮格在《自我與無意識》裡指出，「自我」（ego）只是意識中心，並不與人的心理整體相一致。而「自身」（self）則是人格中心，是人的心理整體。他說：「自我只是我的意識主體而自身卻是包括無意識在內的整個心理主體。」

在東、西方文化中，「自我」的地位及其與「自性」的比例關係大有區別。西方人用太陽來比喻「自我」，宇宙則代表「自性」，東方人的文化傳統重謙虛，把「自我」壓縮到最低限度而無足輕重。

榮格用 self 這個詞來表達人的心理整體，譯成漢語時不宜與「自我」（ego）相重，可以譯為「己」，「自己」，「自身」或「自性」。

榮格心理學中的「自性」是無意識的。人在嬰兒時就有了「自性」。人類的心理發展也和身體的成長一樣，要逐漸形成，隨著年齡的增長，智慧的演進，才能由「自性」上升到「自我」。榮格曾說過，他的生活，是「自性」的覺悟過程，覺悟到意識，覺悟到認識自己，就是「自我」遇到「自性」的經驗，那是一種超自然的神聖經驗，是一種產生敬畏的經驗。

　　根據與榮格同時代的德國神學家奧托 (Rudolf Otto, 1869-1937)的學說，上帝的存在，皆因人類有這種「敬畏」。由於「敬畏」，才有信仰，有了信仰，才有上帝的存在。奧托的學說顯然推翻了舊神學對上帝存在的解釋，舊神學的解釋是上帝創造了萬物，包括人的生命，無論你相信上帝與否，上帝都存在。

　　人們失去理智是可怕的。爲了控制自己不失去理智，就需要有宗教的約束，這番意思頗有佛教的色彩。榮格受了奧托的影響，始終不願意承認耶穌爲神。

　　下面的一段話很好地說明了自性與自我的關係：

　　　「自性和自我」以一個現代公式表明了一個古老的事實，這就是聖保羅提出的：「我活著，然而並不是我，而是基督在我的體內活著。」（《新約全書·加拉太書》第二章，第20行。）從古代起，東方人就已經用「自性」這個詞來表示更爲廣義的人格中心了。例如，布利哈達安尼亞卡 (Brihadaranyaka)《奧義書》中說：
　　　他住在種子裡，在種子內部，而種子並不認識他。種子是他的身體，他在裡面統治種子，他是「自性」，統治者在裡面，永遠存在。他沒有被人看到，卻看見了別人；沒有被人聽見，卻聽見了別人的聲音；沒有被人領悟，卻領悟了別人；沒有被人認識，卻認識了別人。只有他是觀看者，只有他是耳聞者，只有他是領悟者，只有他是認識者。這就是你的「自性」，內部的統治者，永遠存在。其他一切統統都是魔鬼。❶

────────────

❶ 芭芭拉·漢娜，《榮格的生活與工作》，頁47。

榮格在十二歲時，發現他好像是「兩個人」。那就是他對「自性」的第一次直覺。

榮格所說的「自性」是一「超驗概念」，是可經驗的又不可經驗的，或尚未經驗的。它是人本質的，真實的存在。「自性」深處連接著普遍的存在，因此人可以通過「個體化」而達到大徹大悟。

(二)「個體化進程」

榮格認為，「自性」是「包括自我的理想統一體」。因此，「自性」才是人生的目標。把「自我」當做人生目標往往會走向極端，造成人的心理失衡。

人們常常說起「自我實現」，但榮格認為「自我」的發展從屬於自身的發展。自身發展意味著自我和自身之間的均衡，二者失衡即會導致精神病。

「個體化進程」是使人成為真正的自己的過程。「個體化」也是一種削弱自我主義（egotistic）的方法，使人克服「自我」（ego）的傲慢。因為「自我」被假象包圍著，而處於破舟似的「超現實主義」的（surrealistic）狀態，使人固執己見，不易放棄錯誤的觀點。榮格認為，中國的聖人達到了個體化的程度，但他不太喜歡尼采的個體化。由於尼采過於傲慢，以過度的殺傷力來摧毀歐洲文化，並聲言「上帝已死」，結果他最後精神錯亂，瘋狂了。因之尼采的「個體化」是不周全的。

在榮格的三種精神療法中，「聯想試驗」和「夢的解析」都包含著弗洛伊德的影響；「主動想像」的方法卻是榮格的創造和

貢獻。因為不是每個人都作夢的，有的人永不作夢。在「主動想像」治療中，分析者讓病人幻想，並把種種幻覺詳細記錄下來。這是一種「強迫作夢」(a kind of forceful dreaming) 的方法。

還有一種「沙療法」(sand therapy)，讓病人在沙灘上或沙盤裡建房屋，砌堡壘，製作曼荼羅等等。並非只有病人才這樣做，兒童和健康的人進行「沙療」也可獲得安全感和周全感。

通過「主動想像」的方法，人可以逐步深入到「自性」之中。因之，「主動想像」的過程可以成為「個體化」的過程。

中世紀的騎士，乃是意識的代表，而他騎的馬代表無意識。牧童牧牛，牧童代表自我，自我服務於「自性」(self)，牛代表「自性」。「主動想像」是精神訓練的方法，很像佛教中的冥思。以牧童與牛為例：

(請參閱日本佛教學者鈴木大拙的作品)

一、未牧：是說未經過訓練的牛，完全不聽牧童的指揮。

二、初調：牧童對牛開始訓練。

三、受制：牧童給牛戴上了牛具，加以約束。

四、回首：牛受到約束後已降服而回頭。

五、馴伏：牛已馴服了。

六、無礙：牛已無障礙，伏首貼耳了。

七、任運：可以放任不管這條已被馴服的牛了。

八、相忘：人與牛兩相忘，忘我。

九、獨照：獨月照牧童，牛已經得道羽化了。

十、雙泯：雙雙泯滅，化為烏有了。功德圓滿，指臻於成熟，物我兩忘，達到了冥思的目的和功效。

牧童與牛的成功乃是「個體化」的過程,「個體化」是一個人天賦的天性。 人是種種矛盾的整體。「自我」居於中心, 四周被意識所包圍,利用意識將「自性」一層一層地打開,而產生最高的意識, 這就是佛教中所說的「覺悟」。 隨著質量的提高, 最後達到大徹大悟。

榮格受到猶太人的 「生命之樹」 的啓發。 該圖可以代表世界、人類、種族、宗教和哲理等等。他認為意識的升級, 就像爬樹一樣地節節升高, 一直達到頂端, 那就是上帝所在之處了。通過一級一級地攀登, 心理也逐步完整, 經過「個體化」的全過程, 人便可獲得心理的健全。

榮格又借用佛教象徵性的法物「曼荼羅」來進一步說明「個體化」。 曼荼羅是宇宙的表象,是諸神聚會的聖地和宇宙力量的聚集點。人則是宇宙的縮影。在精神上進入曼荼羅, 並向其中心前進, 象徵宇宙的分解與復合, 這一過程也正是心理整合的過程。曼荼羅有東、南、西、北四個方向,「自我」居中央。這與佛教有所不同,佛教是以「自性」為中心,用以調節「自我」的動態。

(三)成人發展心理學

「成人」一詞似乎表示人格發展的完成與成熟,因此長期以來, 人們重視對人格發展的兒童期和青春期的研究, 而忽略了成人期研究。

1932年, 榮格在《人生諸階段》中指出, 人的生命歷程就像拋物線, 從靜止狀態開始, 經上升, 下降的前進運動, 而以靜止

結束。人的生理狀態和心理狀態應求適應，人生之秋不應繼續追求人生之春所追求的東西。人沿此拋物線的目標走向死亡，但死亡並非是空虛的，因爲生命有其意義和價值。榮格的主張是一種生命目的論，因此也是一種倫理學。

　　榮格把人生分爲四個階段：兒童期，成人早期，成人中期，老年期。從出生到死亡，人在歷經這四個階段的過程中，會遇到三次轉折：青春期轉折，人生轉折和後半生轉折。青春期轉折和後半生轉折處於平行的地位。並非只有青春期的轉折重要，在某種意義上，後半生的轉折是更加重要的。因爲生命之春與生命之秋不同，「上午是眞理的到了晚上已經是謬誤」。榮格說：「無論誰強行把上午的法則置於下午，……一定會損壞其靈魂。」

　　榮格把人生比作從日出到日落。在人生諸階段裡，他比較重視「成人中期」。成人中期始於「人生轉折」，從如日中天的年華進入逐步沉落的後半生；當人們行將五十，從成人中期進入老年期，又會遇到人生的第三次轉折。這是人一生中最重要，也最危險的一個階段。經受不住這一階段的考驗，以致自殺或精神失常者，並非寥寥無幾。駭世驚俗的德國哲學家尼采 (Friedrich Nietzsche, 1844-1900) 最後的十一年是在精神病中度過的，他自 1889 年初突然摔倒，從此神志不清。著名的荷蘭畫家梵高 (Vincent Van Gogh, 1853-1890) 自割其耳，最後自殺。英國詩人迪蘭·托馬斯 (Dylan Thomas, 1914-1953) 酒精中毒客死紐約……古今中外，此等事例不勝枚舉。俄國小說家果戈理 (Nikolay Gogol, 1809-1852) 曾說：「要握緊人生的全部動力，不要事後再來拾取。」這話說得何等精彩，無疑是一句眞正的人生箴言，可是他自己卻精神崩潰了，於火燒《死魂靈》第二

卷文稿後十日謝世。

那麼，如何「握緊人生的全部動力」，安全度過轉折的危機，從而在後半生實現人生的意義與價值？榮格認爲，此時人們應轉變自己的目標，從「自我實現」轉變爲「自性實現」。人在青年時代的主要目標是「自我實現」，卽其時必須追求外在的目標，學習工作，賺錢養家，生兒育女，達到一定的社會地位等等，也就是我們所說的「成家立業」；而在後半生，人則必須接受自己逐漸步入黃昏，生命力（能量）也逐漸減弱的事實，而放棄青春期期望值過高的英雄主義理想。卽使壯志未酬，夙願難償，亦大可不必痛不欲生，而應逐漸將「里比多」從外部撤回。榮格自己就經歷了這樣的過程。他說：「我不得不放棄英雄理想主義，因爲在自我意志之上，有更高層次的東西，人必須服從後者。」換言之，人在後半生的目標應爲實現「個體化」，卽通過「個體化進程」而達到「自性的實現」。在這一進程中，人們會獲益於前半生的經驗，並獲得更完美的創造力。

按照榮格的看法，「自性是有傾向性和意義的原則和原型」。自性是人格發展的源泉、動力和目的，它賦予生命以意義並維護心理的完整，因而具有治療作用。「自性實現」是人類以至一切生命固有的本能。心理發展的目的在於自身，其發展軌跡並非直線而是環形。

榮格因此認爲宗教經驗對於成人的心理健康是十分重要的，這種看法與弗洛伊德所認爲的宗教不過是一種幼稚可笑的神經病大不相同。在榮格看來，宗教中往往蘊含著有關人類深層心理的深湛智慧，並積累了許多行之有效的維護心理健全的方法。宗教修煉本身就有利於身心健康，因爲它兼有教化和治療的作用。

　　榮格的看法是:「對於靈魂的健全來說，一種超出純粹的自然人及其塵世存在的精神性目標是絕對必要的。」他把這個精神性目標視爲阿基米德點。經由這個支點，人得以從個人的個體存在走向超個人的集體存在，超越時間和空間，從而返回到永恒的宇宙生命的終極存在。這不是一種理性而是一種經驗，不是一種思想而是一種心理狀態和精神境界；這是類似愛與美感的內心體驗，是一種淨化、昇華和神聖的愉悅，這也就是「自性的實現」。

　　這個精神性的目標，這個阿基米德點，正是人生的意義與價值之所在，也是「自性」固有的傾向和追求。原始人可能稱之爲「精靈」，宗教可能稱之爲「神」或「神性」，現代人也許更經常地把它叫做「精神」。無論如何，在這裡，名稱是不重要的，重要的是它的內涵。無論人們是否信教，亦不管人們信仰哪一種宗教，重要的是人需要有一種宗教感或曰神聖感，因爲人因此而有其尊嚴。

　　一位美國學者說:「作爲人類，我們具有觸發更高意向，播下使精神成長並獲得最終解脫的善良種子那種寶貴機會和無限玄機，它完全取決於我們的心靈。」❷ 在現代社會生活中，在不可勝數的關鍵與危機的時刻，我們已經一而再，再而三地看到人的心理素質無可否認的重要性。每個人的心中都有一顆「神性」的種子，欲使這顆種子健康成長，則必須經過教化和修煉。這樣說並不等於要人們「迷信」或一定要信仰某一宗教，更不是要與科學爲敵。在現在和未來，宗教與科學完全可以優勢互補，相得益彰。所以愛因斯坦說：「沒有宗教的科學是殘廢；沒有科學的宗

---

❷ 莫阿卡寧，《心理分析曼荼羅》，頁17-18。

教是瞎子。」這表明科學和宗教，或者更正確地說，科學態度和宗教態度，都是人類所需要的。

(四)《夢的分析》和心理能量

1928-1930 年間，榮格在蘇黎世心理學會講他的新講義《夢的分析》(*Dream Analysis*)，這些講座的講稿直到最近才出版。

大約在1923年尾，衞禮賢（理查德・威廉）應邀到蘇黎世市心理學會講學並與榮格交談，此後榮格去美國專訪新墨西哥州的印第安人村，繼之，往新奧爾良和紐約，並到倫敦講學。1926年又特別進軍東非，探究黑人原始文化和伊斯蘭文化。後與衞禮賢合作，並重新研究煉金術，肯定了衞氏給他的教訓。《金花的祕密》給了榮格研究西方煉金術的一條線索，影響了他一生的工作。

中國人的思維是像液體流動般地發展的，然後達到完成 (whole)，猶如河床中的流水向前流淌，直至流入水庫。也有些像打字，一個一個字母地打下去，最後完成一篇文章。老師則用他思考中的知識來講授他的課程。也像數數，1,2,3,4,……，從一元，多元，以至無限。乃一煉金術符號，像蛇的轉動，數學上用爲「無限」的符號。∞，這個符號是來自漢密托科學的，西方的「三一」原則 (Trinity) 是來自個人主義，也說明「人」是一因素，就像橋梁，通過「人」才能搭上生態學，讓「人」參與。這就是「道」也。但是「人」一定要有區別的認知。這有點像古希臘哲學家巴門尼德斯的思考。兩極從來不相遇的，但卻是

和諧相容的。中國人認爲，兩極相合乃道也。西方在維多利亞女皇時代，如作家吉普林所說的 East and West shall never meet，是奧妙而且錯誤的態度。榮格近乎愛德華時代的人物，他們注重靈力。榮格看到東西兩極相容 (the union of the opposites) 是可以達到的，但是，團圓只能在 zero (零度)! 所以西方帝國主義停止於零度，但顯然十九世紀到二十世紀，西方的主觀產生了人類史中流血最多的 zero 世紀。榮格認爲西方犯了極大的錯誤，需要在文化上，心理學上，煉金術上再下功夫。神祕的是水火不相容。中國聖人看到太極圖非常重要，並且是正確的。兩極遵循相互恭維與補足的原則，而並非是相互對立的! 相合則是「超越」(transcendent)。榮格認爲，這是一種「原始模型的需要」(archetypal need)。

　　大自然並非完整，這樣人才可使之調和，此乃藝術也。因此這是一種環性的 (cycle) 的進展，《周易》的卦因之帶至煉丹術 (西方爲煉金術)，這樣才是「轉變」(transformation)。萬物皆通情達理的，如孔雀開屏。人格 (persona)乃無意識的面具，而不是「自我」(ego) 的面具，在這一點上榮格與弗洛伊德不同。那麼臉兒不是我的，它只不過代表整個無意識的水庫。在榮格看來，面具是「能」的流動站。

　　當時，弗洛伊德仍爲執牛耳者，只有六十人出席榮格的蘇黎世心理學會講座。榮格很重視析夢，因爲夢是一把開啓心理祕密的鑰匙。榮格每年大約要分析兩千個夢，在他的行醫記錄裡，大約記有十萬個夢。

　　心理能量 (psychic energy) 的流動是由象徵調停與控制的。沒有象徵，心理能量就不會流動。因此榮格重視象徵，特別

是中國的太極象徵。在能的流動中，象徵是工作機器，與電機工程有些類似。

「能」的流動（見圖）：

自　然──→儀　式──→神話──→輻　射　和　誘　導──→象　　徵──→
nature　　ritual　　myth　radiation/induction　symbols

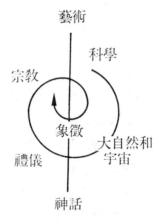

「能」的流動圖

此乃神祕的，現在都沒有人懂得的科學。

弗洛伊德與榮格對夢有不同的解釋。弗洛伊德的心理學猶如機械工程學，他將夢視為性，金錢等等願望的達成；榮格的心理學則如機電工程學，他將夢視為能量（精力）的補償，精神的安慰等等。

煉金術士是搞魔術的，變戲法的，煉金術是非常敏感的工作，是靠你怎樣掌握並懂得象徵的意義。榮格懂得班圖語（Swahili），他發現非洲黑人原始部落的酋長才擁有偉大的視野（vision），一般的原始人，普通的人只常做夢。常人只有感覺和色調（feelingtoned)，它常常把靈魂遮蔽著。榮格的這種看法影響了卡西勒爾 (Cassirer)的學生，著名的女符號論美學家蘇珊・朗格(Susanne Langer)。卡西勒爾是猶太人哲學家，人稱他爲哲學上的愛因斯坦。蘇珊・朗格說: Feeling is elaboration of things。榮格說只有音樂師才可以做到。一般說來，女人富於感情，男人重乎思想。但總而言之，女人和男人的腦 (心，mind) 都是創造的子宮。人類心理要有兩極的思考，因之男人與女人有不同的思路。

榮格說十字架乃 mask of the self presents the self。原始人出現時常戴上面具，面具乃象徵神的能量。榮格發現基督教的發展與原始人有關，看到煉金術是東西文明結合的「皇道」。

榮格看到生活之下有原型的支配,因之我們要明白夢的意義,夢能告訴我們很多事情，但我們不可受它的支配。人類只析夢還不夠，還要有「幻想」(vision，想像，憧憬)，否則文明將會滅亡。我們要有幻想的能力，以及擬想和重想的能力 (capacity for envision and revision)，還要有人類大同的志氣。

(五)「想像」講座

榮格的精神學和心理學治療有三種方法: 一、聯想試驗。接受了弗洛伊德的基本思想。與煉金術的氣，火，土，水四大元素，詹姆斯的「柔弱心理」(tender mind) 和「堅靱心理」(tough mind) 相結合而產生投內、投外的兩種基本人格。氣＝直覺功能；火＝思維功能；水＝情感功能；土＝感覺功能。這些功能組合爲八種心理類型。二、夢的解析。也是受了弗洛伊德

的影響，認為夢是達到無意識的捷徑 (royal road to the unconscious)。三、「積極想像」方法 (active imagination)。因為不是每個人都有夢。「積極想像」可以有兩個方向：一是用於日常生活中，二是深入個人的「自性」(self)。

　　深入「自性」是一種「內投」。向內進入宇宙，進入個人的內心，來找尋深層意義 (deep meaning)。在西方精神歷史上，有第一世紀的基督徒，狄奧尼修斯法官 (Dionysius the Areopagite)，就曾嘗試過投內而視到光亮，深黑之夜的靈魂，見到宇宙的深淵，太空的深奧。那是對深黑夜的原型透視 (archetypal of looking into the deep dark night)，西方暗潮思考的高峰，acme negativa，人轉向內而見到宇宙之廣大。榮格發現，積極想像可以繪畫代之，但是不可能是塵世的視野 (mundane vision)。與榮格同時代的英國哲學家懷特海也認為，深深的反省可能把心靈帶進宇宙結構的深層，並能找到「自性」，看到世界是大同的。

　　那是詭辯的，非理性的，但是敏感的，加深的深入——是一種覺悟。是有一定的可以認知的模型，同意地知得的靈魂 (soul 或anima)，是內心的人格，啟示出來誰是「我」。阿尼瑪是要被發現的，是一種經驗主義的覺悟。

　　三〇年代的榮格剛出版了《現代靈魂的自我拯救》，該書成了榮格思想的分水嶺。榮格了解了東西文明的神祕關係，就算佛爺也沒有認知西方呢！1933年，榮格便大膽地發表他的意見。一個人一定要找到方向前進，榮格沒有忘記這一點。鑰匙是煉金術。煉金術一定要連續地搞下去。每天生活如是，將概念結晶起來，高舉著意識，意象，模型，象徵，「學而時習之」，因此生

活鬥技場也就擴展。 這是所謂「增加的深入」(accumulative penetration)。 一個人增加力量也不需要權力的感覺， 不需要唯物論的覺知，生命力自然增加! 所需要的是智慧。

英國女神祕主義學者伊夫林(Evelyn Underhill, 生於1875年，與榮格同齡) 寫了三十卷作品，以1911年的《神祕主義》最為聞名。她採用古人的方法，Back out, empty one self, 來進行冥思生活 (contemplated life) 的實習。 內省後， 一個人仍是這個人， 那就達到了 thou art that (You are that), 梵文為 Tat Tram Asi。

榮格則用二十世紀的文化象徵， 深入黑漆漆的內省， so deep,經驗到各種各樣的原始模型,才找到金花的引遮線(Golden thread)。 榮格從衞禮賢處學到光的循行， 突然間看到金華。 衞禮賢、榮格、 以及德裔超現實主義畫家馬克斯‧恩斯特 (Max Ernst, 1891.4.2-1976.4.1)， 俄國美學家康定斯基 (Wassily Kandinsky, 1866.12.4-1944.12.3)， 都曾看到諸如此類的意象!

人在三十歲時有這樣的經驗是幸福的，有些人要到五十歲或更高的年齡才有此種經驗。 從未有此經驗的也有其人。閱讀但丁的作品是一個好方法， 他纏住威吉爾讓威吉爾帶他遊地獄， 於是見到內心的幻象(inscape)。

榮格的「想像」講座從 1930 年持續到 1934 年， 希特勒得勢後，榮格突然地停止了這些課程。幸喜有一個女學生瑪麗‧福德 (Mary Foote) 記錄下來， 並於十幾年前出版了。但是她只注重想像方法。

西方宗教以猶太教為中心， 他們只看到猶太人是天堂人物，

說希伯萊語，可是西方基督徒帶著猶太人的無意識也產生缺點。所以榮格認為，一個醫生應有跨時代的觀察。西方也被希臘文化支配著。希臘人要有物體的存在，才能夠聽到打球的聲音。

馬克斯・恩斯特因此而畫「花」畫，康定斯基則畫音樂。兩人皆用兩極合併的原則（principle of the opposites）。歐洲畫家也反映出大眾文化的可怕，像垃圾堆似的「增加的深入」，像大力士神赫拉克勒斯。榮格決定將幾千年的桌子抹乾淨。此時，葉芝也在搞神祕主義，並寫了一部書，名為《想像》（Vision）。那時，西方文化界人物認為神祕主義能給人以教育，能肯定學生的才能，能懂得就算一個人肯定了自己的能力，也能超越危機的閘門。

榮格與歐洲文化界研究的象徵，有聖杯，半月，劍，三角，圓形等等，還研究埃及死經。這是一個亞力山大城時代的復返，直到今天也未有停止。所謂 New Age（新時代）也。榮格長命，第二次世界大戰只發現了自己經驗的重演。很多競爭者死了，弗洛伊德 1938 年逝世於倫敦。此後榮格享譽甚巨，冷戰時期更甚。從他的進取心，我們看到西人的努力。意識領域不停止，還要征服無意識。近有英國學者把他譽為 lord of the underworld。

當今的後現代主義也是受了榮格的影響的。今天的科學知識爆發，人類要找到一定的心理學來迎接其挑戰。這也許有些像零年產生基督教，十世紀產生十字軍，現在又快要到一個新的紀元了。西方發展到了止境。有人認為在二十一世紀，東方才會有偉大的思想家出現，該非謬論也。

九、榮格對西方文明的批判

同那些先進的西方思想家一樣，榮格以其心理學研究成果，表達了西方文化的自我反省和價值態度的轉變。他看到西方意識的片面發展，帶來西方文明的危機和西方人的心理危機，主張西方向東方學習。又據「兩極合併」的哲學思想，進而提出一種東西合璧的文化思想。這是榮格的人本主義和大同思想在文化上的表現。

(一)西方文明的危機

二十世紀內發生的兩次世界大戰，徹底摧毀了西方人對自己文化的信心。正當西方在向世界四處出擊，炫耀其科學成就和基督教文明之時，人們看到了破壞，殺戮，疾病和道德的淪喪，看到了物質的每一次進步，都造成另一次災難甚至浩劫。這從根本上動搖了西方文化價值。西方人因此而陷入精神的空虛和迷茫，於是轉向自己的內心世界 —— 心靈。這是對意識生活的失敗所作的補償，而這種對心靈的探索與渴求，並非傳統宗教形式所能解決。而且，這種現象絕不是純粹個人的和偶然的。正如榮格所說：「精神並非來自個人，而是來自整個民族與全體人類。」

　　榮格深刻揭示了西方文化危機和精神危機。他寫道:「人類最大的敵人不在於饑荒、地震、病菌或癌症,而是在於人類本身;因爲就目前而言,我們仍然沒有任何適當的方法,來防止遠比自然災害更危險的人類心靈疾病的蔓延。」榮格設問:「中國人或印度人對我們將有何觀感呢?我們在黑人之中引起了怎麼樣的感想呢?那些我們侵占了他們的國土,用甜酒和性病(對付中國人則用鴉片)去消滅他們的人,對我們會有什麼樣的看法呢?」他把這種白人形容爲貪得無厭,幻想到處爲王的「雅利安種猛獸」。

　　榮格指出,只有像弗洛伊德這樣偉大的理想家,才會以畢生精力擔當起清除西方人心理殘渣的工作。弗洛伊德警告人們防止受這些殘渣的誘惑,可是恰恰相反,很多西方人卻珍惜起這些殘渣,從而更深地陷入了享樂主義。榮格說,不論是站在學術的、道德的或美學的立場來看,西方人之心靈生活的伏流呈現在眼前的,並非是個有趣的畫面。西方人建立的值得紀念的世界之所以醒目,是因爲這一世界已表現了其本性中最醜惡的一切。

　　榮格極爲重視東方精神對西方的影響,他提醒西方人千萬不要低估這種影響的價值。這首先是基於他對東方文明的高度評價。他指出,西方的見神論只是對東方的膚淺模仿;東方早已熟知的顯像學,西方才剛剛開始研究;西方人對性生活的研究比不上印度人的探討;東方典籍中早已包含了富有哲理性的相對論;西方不久前提出的不定論正是中國哲學的基礎;在中國古文裡可以找到分析心理學所發現的某些複雜心理作用……作爲當代偉大的西方心理學者,榮格甚至說:「精神分析本身及因之而出現的各種主義 —— 不用說是西方所發展起來的 —— 和東方人的古代藝

術比較，可以說只是一種初學者的企圖。」

　　儘管未來不可預期，而且很多西方人亦不承認問題的存在，榮格還是反覆提出警告：　在西方以其工業成就擾亂了東方的同時，東方亦以其精神成就擾亂了西方；西方從外部打敗了東方，也許東方正從內部把西方包圍。榮格所追求的，是物質與精神，肉體與心靈，外在生活與內在生活，客觀實在與主觀實在，以及西方和東方之間的諧和。他認爲，「東方」深藏於人類的心靈深處，它可以消除「雅利安種猛獸」的無限貪欲，從而使西方踏進精神新紀元的門檻。

(二)《現代靈魂的自我拯救》
——淨化西方人的心靈

　　這些觀點，集中體現在他的《現代靈魂的自我拯救》（1933年）一書中。該書原爲榮格的一些德文講稿，由貝尼斯編譯爲英文出版。全書共分十一章，從夢的分析到心理學與文學，其中不但囊括了榮格分析心理學的基本思想，而且論及了理論的實際應用，以及「現代人的心靈」問題，幾乎可稱得上是榮格思想的一部「小百科」。

　　第一章從夢的分析述起，由此確定了三個基本事實：析夢爲心理治療的基本技術；夢的預示作用；夢的原始象徵意義。其中蘊含了榮格心理學的三個基本傾向：對無意識的重視，人本主義態度，神祕主義精神。

　　第二章〈現代心理治療問題〉是全書的重點，也是通過本書理解榮格的關鍵所在。榮格在這一章裡闡述了自己的分析心理治

療的經驗和規律，將其歸之於四個步驟，並引入了四個技術術語：自白，詮解，教化和互移。他認爲，每一個患歇斯底里心理症的人，必定是心中藏有祕密的人；而患有強迫性心理症的人，必定是無法消化自己之情緒者。於是他便提出了治療過程中自白的意義。「所有的分析療法一開始的典型便是自白的懺悔」，唯有借助於自白，使自己受到壓抑的情緒得到緩解，患者始能擺脫孤離而轉向求同。然而，這還只是一種開端，理解潛意識與患者的自我還需要「詮解」。這種詮解不但需要一般的分析技術，而且需要具有廣博的神話與歷史知識，因爲集體無意識是大部分心理症患者的病源所在。

做完詮解後，治療者一般已經知道了病人心理症的根源所在，用榮格的話說：「最原始的記憶已被挖出，最深的根已被掘出，……每種驚愕的現象都已經驗過，所有的淚水都已流盡，……覺醒的生活大道已經在望了。」

接著是教化期和互移期。在互移階段裡，醫生必須從教育他人步向自我教育。據此看來，如果治療者期待對患者產生一種有效的心理治療影響力，那麼，只有當治療者也受到患者的影響時，這種影響力方能產生。這是一種心理學意義上的「相對論」。觀察者同時應該是參與者，治療者在某種意義上也是被治療者，反之亦然。唯有這種通融的互移，才能收到最理想的治療效果。

在以下的章節中，榮格根據自己的切身經歷，闡述了一些頗具特色的理論。在本世紀三〇年代，榮格感到歐洲人心靈的原型渴望著一種集中表現，因爲許多年輕人相繼自殺，此一反常現象竟成了效仿一時的「風氣」。這正是希特勒統治的時期，蒼茫的大地與整個人類的心靈皆籠罩在鐵與火的氣氛之中。發了狂的歐

洲人，在心靈深處有一種返古的傾向，慕求著原始人的田園樂
境。然而畢竟是蒼桑幾變，現代人對原始之樂的憧憬只能是可望
而不可及。一些歐洲學者便躲避了這一現實問題，把尙古視爲禁
忌，弗洛伊德和弗萊澤便持這種觀點。然而，榮格卻在此發現了
更深層的無意識。他對原始人的種種表現均作了當代心理學的理
解，並從中形成了一種理論，一種世界觀。因此從某種意義上
說，《現代靈魂的自我拯救》也是一部應時之作。

　　人們可以讀榮格的書，研究榮格的思想，但一般說來，大部
分學者在理解榮格的過程中，卻很難體驗榮格的經驗。二十世紀
是人類歷史上流血最多的世紀之一，榮格所處的時代更是這血史
上色彩濃烈的篇章。遍及全球的世界大戰使人類的良心遭受到空
前的挫傷，西方人的心靈在呻吟，人人都在尋找著某種解脫。榮
格認爲，現代人在努力建設科學工程的同時，也造就了不少以自
我爲中心的人。他們缺少意識，努力工作也是枉然，他們的人格
面臨著分裂。榮格顧慮的是，人口的增加，工業的污染，生態環
境的破壞，核子武器的殺人恐怖，使當代社會在繁榮中孕育著毀
滅；現代人生活在文明之中，內心卻渺茫無所寄託。今日世界的
發展和運轉，製造了殘忍、野蠻和不人道的心理，人類要警惕，
不要被「陰影」所支配。他要醫治現代人的心靈分裂症，認爲現
代人必須進行靈魂的自我拯救。

　　榮格感發於現實，寫下了該書的主要章節，他希望他的工作
能對淨化西方人的心靈起到某種作用。

　　對於我們東方人來說，《現代靈魂的自我拯救》也是一部很
值得一讀的書❶。它能帶給我們的啓示並不亞於它給予西方人的

❶ 榮格，《現代靈魂的自我拯救》，黃奇銘譯。

啓示。無論如何，西方文化的反省總可成爲東方文化反省的借鏡。

(三)西方人如何正確理解東方文化

在《金花的祕密》的評論裡，榮格深刻地剖析了西方人在理解東方時所面臨的困難和東西方思維方式的差別。他認爲，科學思想是西方心智的基礎，科學是優良的，不可缺少的，但它是作爲工具，而不應被當作目的。科學的單一發展是片面的，單一的「科學理解」是「博學之士悲慘的空虛」。而「東方教給了我們更開闊，更深奧和更高級的理解力，即通過生存而獲得的理解力。」東方智慧並非怪誕和迷信，而是高度發展了的直覺領悟能力。西方意識的過度發展，使之獲得了普羅米修斯的自由，但也存在著被從其根基上扯斷的危險。它的確飛翔在塵世甚至人類之上，卻很可能傾覆。而聰明的中國人則知道，陽盛而陰，黑夜始於正午。西方人應當向東方和中國學習。

榮格讚揚威廉獨具慧眼，在中國發現了西方人所需要的珍寶，並爲這一稀世的珍寶犧牲了自己歐洲人的偏見。榮格自己就擺脫了這種偏見，他曾說過：「我們歐洲只是亞洲的一個半島，亞洲大陸有著古老的文明，那裡的居民按照內省心理學的原則訓練他們的心靈已有好幾千年的歷史了，可是我們的心理學呢，甚至不是昨天而只是從今天早上才開始的。」❷

西方人是否能夠理解東方呢？榮格指出，現代心理學已揭示

---

❷ 榮格，《分析心理學的理論與實踐》，頁71。

了理解的可能性。榮格本人在自己的研究工作中，本來對中國哲學是全然無知的，他是在研究過程和自身經驗裡，無意識地遵循著東方最優秀的心智所早已具有的方法。榮格對集體無意識的發現，已經揭示出人性的共同基礎。「正如人類身體具有超越一切種族差異的共同結構一樣，人類心理也具有超越文化和意識的一切差異的共同根基。」❸集體無意識的存在，提供了人類心理溝通，相互理解的可能性。

值得重視的是，榮格還提出了對待異域文化的正確態度。他認為西方要學習東方，但並不是要拋棄自己的文化之根，不加思索地模仿東方修練的形式和皮毛。因為那樣並不能真正發揮東方智慧的威力，相反，那只是西方「精神乞丐」沒有意義的危險作法。他說：「中國花了幾千年時間才建立起來的東西，不可能通過偷竊而獲得。」他主張：「我們的出發點是歐洲的現實而不是瑜珈的工夫」，西方人要有自己根基穩固，豐滿充實的生活，才能把東方智慧當作有生命的東西來體驗。威廉把中國哲學的中心概念「道」譯為「意義」，西方人也應像威廉賦予東方精神財富以歐洲的意義那樣，去在生活中實現「道」❹。

榮格欣賞中國古代表現「道」的原理的太極圖，他說：「陰和陽兩極對立統一的原則，正是一種原型意象。」「道」是理想的狀態，「這種狀態正是大智大慧者努力爭取的狀態」❺。

但讓西方人懂得《易經》，「道」和「陰陽」等等，實在不是一件容易的事情。東西方的分離，基於人生觀和宇宙觀的差

---

❸ 榮格，《人、藝術和文學中的精神》。

❹ 榮格，《心理學與文學》，頁253-254。

❺ 榮格，《分析心理學的理論與實踐》，頁129。

異。不單純是地理、文化之不同，而是心理上的差異。西方盛行物質主義，拜金主義，沈緬於享樂，往往喪失理智和道德。中國的傳統教育以倫理爲基礎，注重深奧祕傳的內省。清代詩人紀昀（清河間人，字曉嵐，任《四庫全書》總編）的《訓次兒童》中說：「事能知足心常愜，人到無求品自高。」中國兒童自幼就被灌輸這種不貪心，不奢求的高尚品德。諸葛亮的《誡子書》中說：「夫君之行，靜以修身，以養德，非淡泊無以明志，非寧靜無以致遠。」恬淡寡欲就是。孔子的立身之道是「一以貫之，忠恕而已」。是教導人要對人寬恕，胸襟開闊。《書經》上說：「有容，德乃大。」也有人說「有容乃大」，是同一道理，卽兼容並蓄，函攝一切的宏偉氣度。中國古人不愛談「金錢」，認爲「爲富不仁」，這是和西方絕然不同之處，是西方人很難理解的。

西方人以自我爲中心，倘若要達到心理上的平衡，有的人就去尋求性欲上的滿足。又強調競爭，以擊敗對手爲榮。拿破崙曾說過：「不想作元帥的士兵，就不算好士兵。」這種鼓勵人們奮發向上的教育，固然有其積極的一面，但同時也起了副作用。

《易經》內涵的智慧是「道」。它是講深層眞理的，那些深邃的警句，必須悉心研究才能領會。《易經》要求「卓越的轉變」。宇宙在變化，人也要隨之而變化，這是大同的同步轉變。西方的君子也要求變。一般情況下，質量的轉變要合乎西方人的口味，因爲他們有自由思想。如果和他們的利益衝突，影響了他們的金錢物質，恐怕就不成功了。美國無論是民主黨還是共和黨，都是循著這個規律前進。

《易經》是「易」而非易。有些西方人士冒充中國通，玩弄著一些魔術家的手法，說的是開明的「精神理論」，內心卻充滿

矛盾。他們不正確地採用《易經》，玩的是歪門邪道，不是《易經》。總之，要改變他們的心態，眞不是一件容易的事。

榮格說過，面對東方文化，西方人常犯的錯誤就像《浮士德》裡的那個學生。他被魔鬼引入歧途，對科學輕蔑地轉過身去，被東方神祕主義冲昏了頭腦。他一本正經地作瑜珈練習，從而變成一個可憐的模仿者❻。中國古人要舉行一個莊嚴的儀式，身穿長袍馬褂，燒香，下跪，作揖，三叩首之後，才能占卜。這種儀式，是使人們肅然起敬，自然而然地遁入虔誠神聖的境地，超脫世俗雜念。所謂「心誠則靈」，古人絕對不把《易經》通俗化，絕對不把它當作遊戲。現代的文明，把什麼都弄得通俗，褻瀆了神聖。我們一定要認清，只有用理智的選擇和異化了的心理，才能達到象徵性的高尚生活。

人有超越命運和業報社會 (karmic society) 的煩惱，像尼采所謂「超人」那樣，當然，在西方人眼裡，超人也是分等級的。東方「君子」的理想是超越陰陽兩極，循「道」而行。

(四)「東西合璧」

榮格一生的工作，就是要把東西兩極聯合起來，這就是他所主張的兩極合併論 (the union of opposites) 在文化上的表現。

榮格對中國文化的評價非常高，中國古代哲學家老子、孔子等人皆被列爲聖人的原型 (archetypal sages)。但在1935

---

❻ 榮格，《「金花的祕密」評論》。

年給朋友的信裡，他也談到孔子與蘇格拉底的不同，認爲蘇格拉底受刑的前幾天，練習音樂，吹長笛，要靜聽自己內心的精靈（daimon）。孔子的一生卻是模糊的，被他的賣弄學問和政治實踐遮蓋了。榮格欣賞孔子未生而有麒麟吐玉書。他說，西方也有獨角獸，此乃中西文明溝通的表現。榮格也非常重視印度古代哲學和宗教，對其他東方文化也很有研究。

榮格主張東西文化相互交流，兼容並蓄，既接受外來文化，也不喪失自己的文化之根。這種將東西文化融匯貫通的例子並不少見。一位來自遠東的東方人，在自己的文化宗教的教養下，去體驗西方的精神訓練體系，多年後，獲得不少教益；而另一西方人在日化禪的名師指導下，學習冥思的方法，實踐了七年之久，也得到了意外的收穫，而並未放棄原有的宗教信仰。

更有趣的是，榮格的主張在他去世三十年之後，在舊金山的一個「家庭聚會」裡實現了。

黃又分的文章裡介紹了這件事。她本人是佛教徒，身邊卻有不少基督徒或天主教徒的好朋友，因而常常被他們邀去教會查經、聚餐或聯誼。她曾在西方友人莎琳家度過一個非常特殊的聚會，她寫道：

> 她所屬的教會，在教義上融合了東西各方教派，故時而有不同的教友同聚一堂，交換修行所得。由於討論範圍非常「世界性」，身在其中，常令我有種交換哲學思想的感覺，十分有趣而又獲益匪淺。印象最深的那次，是一群年輕人中有位模樣俊俏的女孩，用德文念了一段《可蘭經》，作爲散會的結束語。原一直以爲，德國人說話像打機關槍，

語調應談不上什麼美感，不想經她娓娓朗誦，居然抑揚頓
挫，峰迴路轉且剛柔並蓄。雖然不懂其中語意，可是聽來
既溫婉又有力，極吸引人。屋裡也靜極了。大家屏氣聆
聽，享受著這段使她深受教化的信念。一時感動萬千，彷
彿也抓住一縷超脫昇華出的靈美。足見宗教儀式對某些人
而言，都能引導至某種程度的感動，讓人遁入和平寧靜，
心無滯礙的境界。……

這段生動的描述完善了筆者的意思：一個佛教徒參加西方宗
教聚會，並沒有丟掉原有的信仰。她也曾帶領一位西方人到佛堂
去聽經。在沈靜的打坐中，響起木魚聲，令西方人為之神往，而
那位座上師父的國語有濃重的鄉音，這位學中文不過兩年的西方
人，竟能勉強聽懂一半。除此之外，他覺得齋茶也很好吃。

西方世界對東方的事物，一直充滿了幻想，因為東方有悠久
的文明史。「東方」幾乎成了奢華的代名詞，無論是絲綢、香料、
珠寶或佛像，在西方人的眼睛裡，都是稀世珍寶，都是神祕。而
最近幾十年來，美國人開始對東方的宗教感興趣，尤其是對東方
女子感興趣。

美國人在宗教方面，多數信仰基督教，崇拜他們的「阿尼姆
斯」耶和華。但從東方移民到美國的人日益增多了。廣大的華僑
也有他們的信仰。他們背井離鄉，承受著許多壓力，更需要有個
精神寄託，於是在洛城修建了聖母廟，天后宮和觀音廟等。在
舊金山以北的瑜珈市附近的萬佛聖城的事跡更加感人。這充分說
明，不但西方有宗教心理問題，由於東方的宗教在西方處於重要
地位，也有東方宗教心理學的課題，而且逐漸吸引了西方人士。

　　萬佛聖城是美國最大的佛教道場，占地四百八十八英畝，是白宮的二十五倍。其分支道場有：舊金山的金山寺，洛杉磯的金輪寺，西雅圖的金峰寺，加拿大的金佛寺和華嚴寺等。上百卷的佛經，在這裡被陸續地譯成英語、西班牙語和法語等。創始人宣化上人講完了一部《楞嚴經》之後，打動了許多西雅圖大學的學生，其中有五名學生皈依宣化上人而出家。取萬佛聖城這個名字，其宗旨是在這裡造就萬尊生佛，不分種族，不分東方西方。這種雄心壯志，十分令人感動。

　　1977年，伯克萊加大碩士恆實法師，和威斯康星大學歷史學博士恆朝法師，兩個人全是土生土長的美國人，為了祈求世界和平，及圓滿萬佛聖城的萬佛功德，放棄了西方人的生活方式，從洛杉磯的金輪寺，一直拜到萬佛聖城，全程七百英里，為時兩年零九個月。宣化上人不但普渡眾生，還在萬佛聖城裡興辦教育，從小學到大學。辦教育的目的是為了培養一批不爭，不貪，不求，不自私，不自利，不妄語的知識分子。如果他們實施的這種倫理教育收到了實效，那可真是一個了不起的功績。擴大到各國，和平美好，世界大同，世界就能成為真正的「淨土」。這個世界再大，再誘人，也只不過是人生羈旅中的一個暫時歇腳的驛站而已。何不充分利用這有限的時光，做出無限的善事以造福於子子孫孫呢！

　　東方宗教已漸漸感動了西方人士。1991年11月，天主教的神父羅吉士帶領加州州立漢堡大學的四十多名學生，到萬佛聖城短期參學三天。這四十多名學生中，有天主教徒和基督教徒，他們熱誠地參加萬佛聖城的各項活動，認識，體驗佛教持戒和素食的道理。

　　西方的所謂「理」，是來自古希臘的文化。從蘇格拉底，柏拉圖和亞理士多德至今，這一段漫長的歲月中，產生出對一個極端女性化的阿尼瑪的崇拜。這位紅髮的女神，帶著嬌驕二氣，還帶著和她的頭髮顏色一致的「火氣」，由此帶動了科學和武器的發展。西方國家注重武器，使國家變成軍國主義，常常忽略了女人——他們的阿尼瑪，代代延續下去。美國的男人逐漸發覺到這種現象的偏差，意識到女人或可挽救他們心理上的缺陷。這也是因爲科學和武器屬於陽性的物質，過分發達，造成「陽盛陰衰」的不平衡之故。北歐人特別崇拜太陽，精神和阿尼姆斯。西方社會往往偏於一個方向，西方國家，尤其是美國的文明顯得不十分健全。弗洛伊德心理學就是不太注意阿尼瑪方面的西方科學文明現象，成爲其不足之處。

　　西方人到了二十世紀，才發現到自己的弱點。榮格採用了猶太民族堅毅不拔的頑強鬥志，應用歐洲人的文化，築造了一個「靈魂的廟宇」。他採用各種語言，各種神話和基督教的視野，綜合而成爲一種「心理學神話」。榮格的心理學是一步一步地循序漸進，用日爾曼人的「方法論」，使他的心理學比較周全。

　　東西方文化的交流是時代的必然趨勢。「天外有天，井蛙不可語於海也」。淡泊自如，何處非淨土。東、西方人人士都不甘心閉關自守，而趨向於東、西方文化的交流貫通。互相取其精華，去其糟粕，就會成爲完美的文化。

　　通過威廉，榮格也了解到中國社會的一些情況，但畢竟與中國現實非常隔閡，對近代中國，對生存在西方帝國主義鐵蹄和日寇凌辱下的中國人的要求和願望不甚了了。他看到的是唯有中國古代文明才是挽救西方文明的榜樣，而且勸告中國文明絕對不要

跟著西方跑。但中國學者卻更多地強調，只有「賽先生」和「德先生」才能挽救中國。

榮格一生中，接觸的中國人很少，但他卻認識對現代中國文化有全面影響的胡適先生。胡適是中國二十世紀重要的歷史人物之一，他有許多頭銜，如：五四啓蒙運動的思想家、白話文運動的理論奠基者、中國現代化高等教育與研究制度的倡導者。在他的一生中可自覺不自覺地，甚至違心地扮演了不少角色，如：史學家、考證學家、外交官、文化明星等等。無論是贊成他還是反對他，他也是一個「全盤性反傳統主義」的倡議人，他所堅持的自由主義，倡導民主，推廣科學等信念，已形成現代中國的傳統。因此客觀的評論也應從多方面、多角度進行。他的眞知灼見，應該予以肯定，而其中的一些尷尬與混淆，也可以有一批判性的詮釋。

三○年代，胡適曾到瑞士訪問榮格。榮格同他談起《易經》，胡適說他不太相信《易經》，並說那種占卦也許是一種魔術和符咒。榮格問他是否占過卦，胡適說占過，榮格追問有無靈驗，是否眞實，對他是否有幫助……這一連串的問題使胡適很難堪。榮格看到中國學者已漸漸走向西方的科學境界，而輕視自己的傳統文化，不免感到失望。榮格認爲，丟掉自己的文化傳統是一種危機，而西方也正面臨著同樣的危機。同胡適的談話，使榮格感到不安。

當時，胡適並不知道榮格乃是西方研究《易經》的權威心理學家，榮格又哪裡知道，胡適先生正是「全盤反傳統主義」的發起人呢！

榮格和二十世紀西方許多文人學者都預見到，世界今後的發

展不能單以西方爲榜樣，他們的見解值得我們借鑒。而今天，在中國現代化的道路上，卻有人認爲中華傳統文化是前進的障礙。反觀西方世界，他們的現代文明發展到頂點時，仍然擺脫不了帝國主義和殖民主義的結局。現在又加上高科技的發展，產生了人的道德危機。因此二十一世紀的中國文化建設，顯然不能以西方爲楷模。我們應當有自己的特色。古聖先賢所說的「天下爲公」，「世界大同」，仍然是至理名言。筆者殷切地希望，通過全體中國人的努力，創造出包含著東、西方文化精華的文明。是爲至禱。

十、晚 年(1946-1961)

　　1946年，榮格辭去他在巴塞爾大學所有的教學工作。他退休了，隱居在他的伯林根塔樓中。他的書房很寬敞，四周都是裝滿書籍的書櫥，寫字臺上堆放著許多舊書，手稿和各種資料。榮格工作時厭煩有人打擾，所以有時拒人於千里之外，據說他常常在屋頂上升起一面黃旗以示警告，來訪者見此信號便只有耐心等待，或打道回府了。這位德高望重的老人，正專心至致地完成著自己一生最後的任務。

　　有時，他望著窗外的湖水沈思默想，有時傾聽水鳥對唱的歌聲。有時還一邊工作，一邊自言自語。據弗爾達姆（Frieda Fordham）的描述，榮格身材高大，舉止優雅，「他雖進入了老年卻有一種令人難忘的瀟灑風度。許許多多的人，男人和女人們都覺得他很有魅力。」[1]

（一）「同時性」

　　榮格純理論性的論文《論同時性》（1951），和《同時性 ——

---

[1]　F.弗爾達姆，《榮格心理學導論》，頁165。

現象的非因果關係原理》(1952)，集中闡述了他所提出的一個新
概念:「同時性」(synchronicity)。

Synchronicity 是名詞，指一種品質，與形容詞 synchro-
nous 有很大的區別。因此榮格不用 synchronous, 而用 syn-
chronicity。

「同時性」理論引起西方學術界的極大關注，出現了許多探
討的文章和專著。

「合時論」是一個與占卜、預斷、預測有關聯的學科。占卜
並非算命。算命是 fortune telling, 把發財的機會告知來算命
的人。古代的占卜是很莊重嚴肅的事情，在占卜中，古人向他們
所信仰的一神或多神上奏，而產生昇華作用。但是，占卜也可能
被退化爲戲謔的仿擬，以至下降到最壞的水平。

榮格認爲，占卜是求助於潛藏在靈魂內的更大的力量。根據
歷史記載，人類常常求助於他們的神祕存在的某一角落。在文明
史上，占卜也常退化至迷信。現代人失去了古代文明的各種價
值，現代文明已不足以充實人類的精神，致使個人蹣跚失足。因
此，占卜仍盛行於今日的文明世界，並能使在生活矛盾中掙扎的
個人得到啓蒙。古代人的生活實際上仍然存在，並且依然在滋長
之中。

當代西方文明注重單軌的父權和男性方面的教育，因而產生
許多社會問題，例如青年的背叛。所以在西方，《易經》和吉卜
賽人的占卜咭片 (Tarot) 仍然普遍地吃香。根據自己的存在經
驗來補充他們的科學生活，是現代人不想缺乏的。

文明人類仍懂得修養，懂得靈魂要有一定的精神，才能滿足
人類生存的需要。其基礎就是榮格心理學所說的「合時論」。這

一基本概念，是對人類與歷史上的人類之關係的一種認知，是一種意識，一種諾斯替教所說的「諾斯」(Gnosis)，知道宇宙內萬物的真實 (knowing things art)。那就是維持生命涉及於世界的實在 (being) 和成為 (演變，becoming)，即 being and becoming, that which is。

康德的本體實在 (noumenon) 和現象 (phenomenon) 皆有其起因的，而榮格則近乎畢達哥拉斯的觀點瞄準事物的實在 (things that art)，而不是起因。那也是柏拉圖的觀點，所以他們發現到原始模型。物質世界一切事物皆有起因，但是超驗和無意識的世界皆是受原型的支配。

畢達哥拉斯和柏拉圖的世界與今天的世界不同，今天一切皆是變額，變成，並皆有起因的。倘若我們回歸到我們的根地，我們就會懂得今天的世界何以會變成如此，那實在是很有根據的。聖托馬斯和笛卡兒認為，世界，宇宙乃是機器，所謂宇宙原則的世界觀念，它如網一般捉住了我們。如果我們要獲得自由，那便是一件很偉大的工作了！

我們把不智和智慧混同起來，真是缺乏領悟和意志。有意志才能產生力量。如果我們能改變我們的品質，那就是很大的進步了。糟糕的是我們把「合時論」的傾向壓抑，目之所及無不是起因與效果。

新柏拉圖主義的代表人物，哲學家如揚布利可 (Iamblicus，約 250-325) 和波菲利 (Porphyry，約 234-305) 等人，用念召喚的妖術實習來喚醒原型，就是要指導那個思想僵化了的時咒代，告訴世人仍有存在的世界。

西方今天的深層心理學 (depth psychology) 所作的也是

同樣的事情，就是怎樣應付無意識。無意識的支配者乃原型，不是因果原則，靈力學上是指眼見不到的，稱之爲玄祕（occult）起因。倘若人類只停留在生物學的研究上，科學就不會滋長，就只是對定律的服從而已。弗洛伊德其實是對靈力學甚感興趣的，可惜他的社會不會允許他研究靈力。所以很多弗派精神分析醫生發財但生活過得不快樂。但弗氏說過非偶然的機會帶來心理學上的發現，似乎有某種定律。事情的發生常帶著非意識所能理解的意義（meaning）。所以榮格想解釋不可理解的事物，而「意義」就是鑰匙。這完全不同於迷信。某人意外的發財，中了馬票，皆有其意義，兩件事是頗有關聯的。例如，有人看病時死去了，診室裡的鐘恰好停了。小鳥飛過，烏鴉喚人，給迷信者很大打擊，因爲鳥是象徵人死後，靈魂從體內飛出來！這些事情讓人的無意識有所反省，起到預示的作用。

無意識產生的戲劇性的預示，給予我們某種印象，那就是「意義」，對於我們來說是非常重要的。

榮格的「合時論」有三個範疇:

1.產生於現在，心內的事情與外界的事情同時發生，例如實際的事情與夢中的事情相似。

2.擴大我們同世界的關係，而找到更廣大的意義。

3.人在內心尋找意義，如預言等等。

這並不是要提高我們的自我（ego），而是要幫助我們改變我們自身以適應世界，因爲宇宙的變化並不是爲我們設想的。

孔夫子七十多歲還學《易經》，說明聖人也要回到古人那裡尋找知識（即榮格所說的諾斯）。再發現的知識才是眞正的知識。現代人視《易經》爲魔術，因爲現代人所創造的世界，使人類失

去了與古代的關係，失去了根，失去了超驗的意義。

　　大體來說，這就是「合時論」的理論。

　　古人望著魚池，魚的游泳啓迪他們的意識，他們因此而找到意義。可是現代人卻不是這樣想的。因之，我們要對現代社會進行再估價，要從「合時論」的方面來看。原始模型不能直接把事物推動，但是它們可以告訴我們事物的意義，因此我們要到靈力藝術中去尋找答案，例如卜問《易經》。

　　榮格晚年很少用《易經》占卜，他認爲《易經》是表達直覺的好儀器，但人應眞誠、專心、才能有效地用它來尋找「同時性」。

(二)《Aion——自性現象學》

　　《Aion——自性現象學》寫於1951年，乃榮格心理學與西方文明的一個紀念碑，是頗爲神聖的一本書，其中談及諾斯替思想和希臘文化的交流。

　　Aion與 aeon（或eon）是有聯繫性的兩個字，可譯爲「愛翁」。Aeon乃希臘文，在《韋氏辭典》裡有幾種解釋：1.無法計量的，無限漫長的時間；2.時代；3.主要是在諾斯替教中，瓦倫廷教導說，Aeon是永恒的諸神之一，諸神從至高神的完滿狀態中湧出，是至高神與世界的中介。4.一般寫爲eon，指地質時代，地質學上的一代比一個era（紀元）要長。

　　愛翁（Aion）是密斯拉教（Mithraism）崇拜的偶像。他一手拿著進天堂的鑰匙，劍和聖諭，另一隻手拿著火炬，神像長著獅頭，獅吼的時間是在春天，纏繞在軀體上的蛇象徵冬天。他像

天使一樣長著雙翼，但足踏在地球之上。崇拜儀式威武雄壯，充滿男性尚武的精神，並殺母牛祭祀。（牛象徵女性，殺牛象徵把阿尼瑪殺掉！）羅馬軍隊的將領和軍官崇拜愛翁，並有同性戀的傾向。愛翁激發了他們奔赴戰場的觸意，也表達了他們對自己的憐憫和他們生存的狀況。那些意緒已經潛入西方人的下意識了，西方男人多有這種心理。因之這個形象是歐洲軍國主義者內心矛盾和「情結」的象徵。如希特勒、墨索里尼、里根、尼采、托爾斯泰等人，皆有這樣的一方面心理存在，並在他們的一生中表現出來。後來，這個象徵變態而成為被釘在十字架上的基督。密斯拉教殺牛用血洗罪的宗教儀式，經過變形也為天主教所採用。因此耶穌是一綜合神。所以榮格重視這個象徵，而將此書命名為 *Aion—Researches into the Phenomenology of the Self*，用以表明西方的自我崇拜。

密斯拉教花費很多錢建造神廟，這些神廟多建於地下，西方考古學家已在歐洲發現了多處，在英國也有發現。今天在西方，也有女人模仿那種裝束，髮型和半裸的身體，像搖擺舞歌星，說明象徵與文化是有遺存性的。

榮格研究了兩千年的基督教史，而看到過去，現在和將來相互關聯，成為一個有機整體（organic unity）。他用靈魂方程式，來解決個人和上帝之光的結合，解決善惡問題和其中的矛盾，打開一種心理學的真實。榮格取材於中世紀的邪教或反教的理論，他的顧慮主要是「超驗的真實」（transcendental reality）。榮格寫了這部書後，他已不是一個正統的基督徒了，這也符合他的瑞士喀爾文（John Calvin）的傳統個人主義精神。

中世紀教士曾把歷史分為三個世紀：聖父、聖子和聖靈

(Father, Son, and Holy Spirit)。占星學內說，太陽大約每兩千年在黃道帶上升起一次，這就是「黃道年」(Zodiacal year)。西元前2000-0年乃聖父時代 (Age of the Father)，屬黃道之第一宮「白羊宮」(Aries)。西元0年-2000年爲聖子時代 (Age of the Son)，屬黃道之第十二宮「雙魚宮」(Pisces)。現在，耶穌時代已快要過去了。西元2000-4000年乃聖靈時代 (Age of the Holy Spirit)，爲「寶瓶宮」(Aquarius，黃道之第十一宮)，羅馬首都已站不住了。按照煉金術上四大元素土、火、水、氣 (earth, fire, water, air) 的說法，我們快要進入「水」的世紀了。榮格認爲，那些象徵和神話曾影響了人類的心理，使西方人迷信了幾千年，那些意象 (images) 是不容易抹去的。因之到西元0年時出現的耶穌，象徵人的「自性」(Christ as a symbol of the SELF)。在教會看來，自性是耶穌的象徵 (Self is the symbol of Christ)，榮格的看法剛好相反。

　　榮格認爲，在無意識狀態裡，耶穌是神 (Without conscious, Christ is divine)，而在意識狀態下，耶穌就是人的靈魂中有生命的存在 (living in your soul)。肉體象徵與靈魂象徵應當合一 (physical symbol and psychical symbol are one)，那才是象徵的原型。原始人所達到的是一種「神祕參與」。在古埃及人對太陽神「拉」(Ra) 的崇拜中，肉體和靈魂這兩方面是很接近的。榮格暗指教會在心理上的退化，而不同意聖奧古斯丁的「好上帝」(good God)。榮格看到的自性 (self)，我 (I)，自我 (ego)，陰影 (shadow)，以及阿尼瑪 (anima)，阿尼姆斯 (animus)，都有將事物轉變 (transformation) 的功能，他說古代的神話仍然活著。

　　榮格眼裡的耶穌不是眞的，佛爺比他更眞！他看到耶穌象徵缺乏了一些周全。榮格要提高西方人的意識，從個體化的觀點看，要從無意識中帶回靈魂的寶物，方可滿足原型，才具有大同（cosmic）的意義，並使它達到周全。那麼耶穌只是一個心理學的象徵而已。

　　古代的所謂救主乃Soteria，是給病人的禮物，教給病人怎樣用無意識來灌漑乾燥了的意識。因之榮格認爲靈魂實在要比肉體實在更久長（psychical reality outlives physical reality）。榮格指出，人們常常忘記復活神話的意義，教會把耶穌看得太好，他是沒有陰影（shadow）的。教會認爲惡卽非善（evil is the absence of good），是對「惡」沒有眞實的認識。榮格認爲，教會的 privatio dei（缺乏了神與善）不夠眞實，無法面對邪惡，不能實事求是地解決問題，這樣的信仰是一定會失敗的。榮格否定了罪行社會的弱點，而採取醫生的態度，相信他的分析心理學可以救治。榮格看到，在那個「寶瓶」（Aquarian）時代，追求自由，善和享樂主義的「寬容社會」（permissive society）可能帶來對耶穌的敵視（anti-Christ），而將自由的火花熄滅。

　　榮格看到的邪惡（evil)有些像一個發怒的，心懷焦慮的人。憤怒的神，愚蠢的行爲卽邪惡。西方越是歧視東方，就越是自我膨脹。對此，榮格的良方是培養一種「超驗功能」(transcendent function)。意卽：A.對心理(psyche)具有陰陽太極般的認知；B.不要將無意識的黑暗之門關起來，而要看看，聽聽，了解它們是些什麼；C.要有理智，不要耽於沮喪。無意識常要控制我們，不要讓它占據優勢。只要正確地認識邪惡，那麼魔鬼也會帶給

我們光亮。Lucifer（惡魔，撒旦）這個字也有金星和火光的涵義。

　　榮格是用科學家的方法來綜合諾斯替教的自我治療方法，所以他主張教堂的三一原則應加上我的靈魂。

　　總之，基督教的教條主義是榮格所反對的。《愛翁 ── 自性現象學》一書抨擊西方的盲目和大眾心理病態（mass psychosis）。榮格認為西方對永恒理性和永恒之愛（eternal Logos 和 eternal Eros）的崇拜過了頭，所以一定要挽回阿尼瑪。

　　榮格認為每個人的心靈裡都有皇帝，皇后，王子，公主的原型，人人皆是王子和公主。他主張人應當真實，應當尊重個人的心理天性，如此社會方有其和平安寧之日。禮儀，命運各有其神祇和原型（gods and goddess and archetypes）。沒有心理學就沒有社會學，我們將來要建造「精神堡壘」。他說西方要找回阿尼瑪，東方則尋求健全的阿尼姆斯。東、西方剛好相反。（依筆者之見：榮格的時代已與今天又有所不同了，實際上中國人也在追求阿尼瑪。）

　　榮格是二十世紀具有獨創性的思想家，對使人們懂得理性和愛欲（logos and eros）作出很大的貢獻。在世界走向「寶瓶時代」的二十一世紀，處於自戀社會中的人類將極大地受益於榮格的「精神堡壘」，從而得以保持自己心靈的穩定。

（三）《回答約伯》

　　《回答約伯》寫於1952年，研究宗教以及宗教與深層心理學的關係，是榮格最受爭議的一部書。在心理學領域，榮格是對

宗教持最嚴肅的態度的科學家。弗洛伊德因受猶太教背景的影響，有所謂「創傷經驗」。他寫了《幻想的未來》(1927)，《圖騰與禁忌》(1912)，《摩西與一神教》(1934-1938) 等等，皆指宗教為原始人類的「幼稚的神經症」，從根本上否定了宗教價值。他說宗教是精神痲痺的典型代表。猶太人殺其父而產生罪行感，進而成為一種「集體的神經症」(collective neurosis)，他要解除猶太教，指摩西為埃及人。阿德勒同樣不喜歡宗教。榮格則與之相反。榮格的「兩極合併論」給予宗教很高的地位。他並且認為，人應有「宗教情調」(religious feeling tone)，正是給予現代人的處世答案。

多數教會不可能把自己的標準放棄。宗教失去了本來的意義，榮格對西方的神祕主義也失去了信心。《回答約伯》是攻擊西方通俗教義的書。榮格說的 imago Dei，是說神乃一意象 (image) 而已。榮格因此置西方偶像如聖母，聖托瑪斯，耶穌於他的心理之外，而把宗教視為精神治療的「個體化」過程，人由此達到心理的轉變 (transformation in deep sense of the psyche)，認識到心理的真實。因之他要把宗教帶回到有如中世紀的聖母崇拜，並回到拉丁文作為宗教語言。榮格認為，古老的宗教實習（一種煉金術般的實習）加現代人的意識，可以防避心靈的真空，避免集體無意識的盲目行動對社會的破壞。

榮格看到基督教面對邪惡束手無策。他認為西元前 600-300 年的約伯故事與希臘神話有關係。希臘神話中，就有諸神派遣其使者漢密斯 (Hermes) 來找你，試試你對神的忠實的說法。如浮士德的故事，約伯要追尋廬山真面目和知識的源泉來解決他的內心問題。就像今天的飛碟神話。榮格把約伯故事由個人的引至

超個人的（transpersonal，每個人的），即使在榮格的門徒中，該書亦引起一片嘩然。榮格把傳統的上帝與人的關係顛倒過來了，出現在約伯面前的上帝只有微弱如絲的意識。他是個嫉妒的，專橫的上司，他的邪惡方面撒旦（Satan）乃無意識——像鱷魚頭般的意識。上帝只擁有力量，約伯卻達到了意識和智慧，比上帝更爲優越。在這一點上，榮格係取材於諾斯替教。諾教經典曾批評上帝創造了亞當後把他放在天堂，而不知他在那裡會問 "Adam, where are you?" 上帝的樂園裡沒有亞當的棲身之地。上帝是片面的，上帝創造了光明與黑暗，撒旦遂在其間出現，榮格由此認爲智慧之神蘇菲（Sophia）才是人的同盟，並創立了二十世紀的世界觀。

那麼是否由人把上帝救回？人們能夠形成集體無意識，但也只有人才能產生光亮和意識，因之人人皆救主也。總之，世界比我們龐大得多，沒有所謂「正確的思想」（positive thinking）可以拯救我們，人應有改造的力量才成。上帝給了我們幸福，但他也可以把幸福收回。榮格認爲，耶穌太好了，上帝太善了，有那樣好的上帝，又爲什麼會有我們今天的處境呢？主，無論如何偉大，我們仍需要啓蒙。我們擁有火光，不要贈予他人代理。只有咱們才能救贖（redeem）黑暗的世界。榮格暗指今天的宗教是腐敗的，基督教的教條好，何以兩千年後的世界更糟糕？正如榮格在《愛翁——自性現象學》中所說，耶穌過於好了，沒有完成驅除黑暗與邪惡的工作。顯然，榮格發現我們要更多地工作和努力，以解決聖靈（Holy Spirit）的問題。

《回答約伯》是一卷不折不扣的諾斯替教書籍，加以 1954年，榮格又讚美聖母馬利亞榮享王后之尊（The queenship of

Mary, The Assumption)，以致原本很推崇榮格的宗教界人士被弄得啼笑皆非，對該書多有不滿的評價。

（四）《神祕結合》

《神祕結合》（拉丁文爲 Mysterium Coniuntionis）是榮格最厚的和最後的一部巨著，研究煉金學的藝術與方法，以及如何達到結合。其中包括神祕的兩極、四一原則、水銀的象徵、孤兒寡婦、月亮、摩尼教的煉金術、矛盾、煉金術內各種各樣的化學、亞當和夏娃帝后的結合等等神祕主義的內容。榮格在書中述及精神分裂者的幻想有如煉金術士的思考過程，兩極合併（the union of the opposites）與神聖結合（hieros gamos）是社會心理的結晶，東西結合的原則是大同的。古希臘文 hieros 乃神聖，gamos 意爲結婚，結合。該書非常深奧，仍有待於專家學者進行深入的研究。

《神祕結合》完成於1955年，凝聚了榮格數十年間潛心於煉金術的研究成果，爲他的心理學奠定了「歷史的基礎」。對此，他感到滿意與欣慰：「我的任務業已完成，現在，我的工作可以結束了。」

（五）愛瑪・榮格逝世

1955年，與他共同生活了五十二年的妻子愛瑪去世了。榮格精神上受到沈重的打擊。在與弗洛伊德分道揚鑣後，他陷入不被理解的孤獨和痛苦的時候，榮格總是回到他的湖邊去，玩他的

「建築遊戲」，用泥土，樹枝和石塊建造城堡。現在，他又走向湖邊，把石頭劈開，堆積在一起。在幾個月的時間裡，他都是以那些石頭爲件。他對當時常去看望他的芭芭拉・漢娜說，只是由於他這樣全神貫注地對付這些石頭，他才得以克服妻子逝世帶給他的痛苦。

關於榮格夫人，弗爾達姆告訴我們，她曾帶著微笑責備她的丈夫：「你只對集體的無意識感興趣！」弗爾達姆還對她作了如下的描述和評價：

愛瑪・榮格 (Emma Jung) 是一位出色的女子，她屬於那種旣適應她丈夫的性情又不失去自己個性的人。她曾經是一位年輕美麗的女子，有著絕妙的幽默感，這對她應付不同的處境很有好處。在他們結婚的早期，她以一種道道地地的瑞士方式爲人行事，成爲一位賢妻良母，她與榮格共有五個孩子。她承認，她一度很難發揮自己的才智，像後來所做的那樣參加到她丈夫的工作中來。不過，她的努力終於得到了報償，不僅給丈夫，也給其他許多人帶來了幫助。她接待病人，講課，並在蘇黎世的榮格學院舉辦講座；她與世界各地的來訪者們都有廣泛聯繫。應該指出的是，她從事這一切是在第二次世界大戰之前。在今天，一個婦女改變傳統的生活模式比較起榮格夫人當年要容易得多，而在那時這是相當困難的，尤其在瑞士這樣的國家，甚至到了現在，婦女還未獲得選舉權。愛瑪・榮格還從事了一項關於聖杯傳奇的研究工作，很可惜沒有能夠完成，

她就在1955年去世了。❷

瑞士的婦女選舉權法案是 1971 年通過的。 愛瑪研究亞瑟王
(King Arthur) 及其續篇聖杯, 聖矛故事的成果也已於最近
出版。

這一年又逢榮格的八十歲生日。蘇黎世技藝高校聯盟授予他
榮譽博士學位。一些記者也去探訪他。他請記者們猜猜何人是他
的知音, 記者們有的猜是康德, 有的猜是歌德, 但榮格都搖頭
否認。 他說, 此人乃猶太教教士, 偉大的馬吉德 (the great
Maggid)。

(六)《回憶、夢幻與思考》

1958年著手寫自傳時, 榮格已經八十三歲了。

是否留下一部自傳的問題, 一直使榮格猶豫不決。他同別的
人一樣, 有隱藏記憶的本能。弗洛伊德的和他自己的心理學, 都
已確認了童年經驗對人生的決定性影響, 那是每一個人都會珍藏
的祕密。而且他覺得, 他的自傳將比他的論文更容易受到誤解。
沒有他那樣的經驗的人不會理解他, 往往還會攻擊他。他說過:
「雖然我能夠忍受相反的意見, 但當一個人說了一些別人不懂的
事時, 他就會受孤獨之苦, 被誤解, 這些我已經受夠了。」

在朋友們的說服下, 他最終克服了內心的矛盾, 決定回顧自
己獨特的一生, 把自己的祕密向世人公開。自傳的寫作過程是由

---

❷ F. 弗爾達姆, 《榮格心理學導論》, 頁157-158。

榮格邊回憶邊口述，由阿妮艾拉‧雅菲（Aniela Jaffe）記錄和整理。雅菲是榮格的祕書和朋友，多虧她出色的工作才使人們得以讀到關於榮格一生的動人故事。從學術角度看，這也是一部極重要的著作。

《回憶、夢幻與思考》描述了榮格豐富複雜的內心生活，他的兩個人格，他的不由自主的艱苦探索。他最終認為，自己的一生是「無意識自我實現」的過程。他對自己的晚年也表示滿意：「最後一段階梯最為珍貴也最令人愉快，因為它能達到人最內在實質的完滿。」在評價自己生命的價值時，他表現出一種令人欽佩的心理均衡的態度。他說：「是的，它有一些意義，但是用今天的思想來衡量，它沒有什麼意義。」

(七)工作與生活的終結

建於湖邊的伯林根塔樓，起初只有一座，是一用石塊砌造的圓形非洲式建築。後來才在它的旁邊另建了一座。在妻子謝世後，榮格又加建了一座，用以將原來的兩座連接起來。在那裡，他可以見到陽光。從整體上看，伯林根建築物符合某種原型，如同一個「能量」（energy）可在其間流通的曼荼羅。

榮格晚年的心理學研究轉向古埃及的象徵和圖象學。他在近世前寫的《人及其象徵》就是取材於古埃及，該書中用圖片「走進埃及古墓」說明他的命題是「走進無意識領域」，他指出，基督教所用的象徵很多是來自古埃及的墳墓。由於教條的壓抑，那些神話與象徵常常在現代人的夢中出現。榮格深信，要尋找真理，必須進入埃及古墓才能獲得信息（福音）。這部作品有很大

的說服力，並且具有權威性。它不是用他的母語德語寫的，而是用英語完成的。1961年當他寫這部書時，英語是世界語，正像歷史上希臘語，古埃及語和拉丁語都曾作為世界語一樣。榮格看到六〇年代的美英已執世界牛耳，成為權力的象徵，所以他用英語以利傳播。這是他八十六歲時的最後一部著作，具有預言與教誨的意義，教人怎樣闖入無意識領域，在未知的世界中去尋找知識，以為借鏡，從人類歷史的記憶中，找出原料作為火種，以點燃未來。他認為西方文明意識和大眾文化意識太低，文明反而被無意識所支配，這種觀點引起西方某些人士的反感。

榮格認為，在文明變遷的時期中，最好是沈默。沈默才能聽取神祕的音樂。美國著名詩人威廉斯的最後一首詩〈沙漠中的音樂〉也有類似涵義。感覺音調如八個音符１２３４５６７１。要感覺到單音的樂弦，那是要懂得精神神祕的靈魂音樂的。

榮格已經贏得了世界性的聲譽。他就像瑞士的風光，吸引了全世界的目光。「榮格在他一生的最後幾年裡，常常開玩笑似地抱怨說，他已成了吸引遊客的中心人物了，就像伯爾尼熊一樣！到瑞士去見見大名鼎鼎的老榮格，幾乎成了旅遊內容的一部分，就像人們去旅遊，都不該錯過去馬特合恩峰或少女峰的機會一樣。」❸

隨著時代的變遷，庫斯那赫特 (Küsnacht)逐漸城市化了。它從世紀初的一個小小村莊發展成一個繁華的城鎮，只是還未被蘇黎世所吞併。幸而榮格當年購置了大片的土地，使他能夠維持他所熱愛的鄉村生活。望著家園四周雨後春筍般出現的建築物，

---

❸ 芭芭拉・漢娜，《榮格的生活與工作》，頁11。

榮格傷感地說:「我看到這一切,就覺得自己已經老了。」❹

　　八十四歲時,他曾拿著竹手杖,戴著賽馬帽,到「夢中難以到達之地」,他所嚮往的大山裡去旅遊,並像一個「世界旅行家」一樣,獨自登上了里基山的頂峰。他不斷地承受著「得不到理解的難以忍受的痛苦」,把自己漫長的一生獻給了「人類靈魂的探險」,終於登上了「自知之明的大山」❺。他從一個景慕「醫神」的九歲男孩,成長為一位偉大的醫生。在青年時代的夢境裡,他迎著猛烈的狂風,在黑暗中摸索著前行。他拿著一盞小燈,身後跟隨著一個「巨大的黑影」。這光亮在他的竭力遮護下沒有熄滅,由此他找到了一種「不能被黑暗世界打敗的精神」❻。他不斷地尋求生命的意義,使自己成為了一個神話,一種象徵。用不同的標準衡量,他的生命「沒有什麼意義」,或者「有一些意義」。在生命的最後階段,他達到了「人的最內在本質的完滿」。他說:

　　　生命是意義與非意義,或者說生命擁有意義和非意義。我
　　希望生命是焦慮與渴望,而意義將為它帶來並贏得戰鬥。

　　榮格臨終的前幾天,還穿著遠東人的禮服。他夢見原始的再生,永恒的大海,和古代賢哲。他懷著感激之情,提起各位朋友的幫助和奉獻。1961年6月6日,他於蘇黎世庫斯那赫特他的家中逝世,享年八十六歲,子孫滿堂。

---

❹　芭芭拉・漢娜,《榮格的生活與工作》,頁12。

❺　同上書,頁137。

❻　同上書,頁56。

十一、榮格心理學的理論特徵

(一) 榮格的經驗主義

榮格自己反覆強調，他有「耽於經驗的脾性」，是一個純經驗主義的學者。他認為，現代心理學其實還很幼稚，仍處於襁褓之中，距理論上的成熟還很遙遠。因此他並不急於建構理論，而是渴求事實，甚至說：「對我來說，每一種新事實就是一種新理論。」❶ 他所進行的心理實驗和臨床實踐，他對神話學、宗教學、考古學等歷史資料孜孜不倦的收集和研究，他到非洲、美洲、印度等地的考察，以及非常重要的，他對自己的內心世界充滿痛苦的探索，在在表明了他對事實的渴望。

這種經驗主義不是從某一哲學原則出發，不是用邏輯推理的方法，而是依據經驗和對心理真實的觀察。榮格認為，正因為無意識是無意識，是人的意識不可能把握的，因此人只能從無數象徵中，從人類心理經驗事實中去窺測無意識心理結構。這種把握，不是精確科學意義上的把握，故應注意避免各種理論、概

---

❶ 榮格，《分析心理學的理論與實踐》，頁2-3。

念、術語在歷史上所形成的偏見和混亂。像「閹割情結」(弗洛伊德用語),「權力情結」(阿德勒用語) 等等, 就不是以經驗為依據而發現的。他所強調的是:「我的方法不是去發現理論, 而是去發現事實。」❷

榮格承認弗洛伊德的偉大貢獻, 同時對弗洛伊德的理性主義提出批評。他說:「弗洛伊德雖不從感覺材料中獲得意識, 但卻從意識中獲得無意識, 這遵循的仍是同一理性路線。……我則寧取相反的路線。我要說, 最初的東西顯然是無意識, 意識是從無意識狀態中呈現出來的。我們的早期童年是無意識的; 天性的最重要的功能是無意識, 而意識不過是它的產物。」❸ 對原始人心理的研究表明, 意識幾乎是一種不自然的努力, 意識狀態是令人精疲力盡的狀態。普韋布洛印第安人 (Pueblo Indians) 曾對榮格說, 美國人都瘋了:「嘿, 這些美國人說他們在頭腦中思想! 健全的人是不在頭腦中思想的。我們在心裡思想。」❹

原始人 (其實現代人也一樣) 在很大程度上受制於無意識。他們把靈魂視為客觀的, 獨立自主的東西, 他們和靈魂對話, 靈魂是他們「內在的聲音」。榮格認為,「精神自在自為的觀念, 獨立自足的精神的世界系統的觀念, 是個人靈魂自立性存在的必不可少的先決條件」, 這種觀念能使我們建立一門「有靈魂的心理學」, 即一種「最終建立在自主精神原則基礎上的心理理論」❺。人類的一切經驗都是心理的東西, 一切知識都由心理的材料構

❷ 榮格,《分析心理學的理論與實踐》, 頁63-64。

❸ 同上書, 頁6。

❹ 同上。

❺ 榮格,《心理學與文學》, 頁36-37。

成，因之「心理實在」是最眞實的。

榮格指出：

> 心理實在的觀念是現代心理學所取得的最重要的成就。這一觀念被人們普遍接受，在我看來似乎只是一個時間問題。它最終必定爲人們接受。因爲只有它才能使我們理解心理現象的豐富性和獨特性。如果沒有這一觀念，我們就必然會以一種粗暴的方式來解釋我們的心理經驗而傷害其中善良的一面。如果我們擁有這樣一種觀念，對於精神生活中表現爲迷信與神話，宗教和哲學的一面，我們就能夠給予應有的評價。心理的這一方面將不再受到人們的歧視。訴諸感官依據的眞理固然可以滿足我們的理智，卻不能激動我們的情感。……❻

　　當然，榮格本人也爲心理學創造了一些新概念和新術語，但其目的是爲了更好地整理經驗。他在其晚年出版的《神祕結合》(1955) 中寫道：「如果這些概念尙能有助於把這些根據經驗而寫的材料整理得有條有理，那麼目的就完全達到了。」榮格對一些學生躍躍欲試地爲這些概念下定義不勝嘆息，他說：「感謝上帝，我只是榮格而已，而不是一個榮格學家！」❼

　　榮格指出，在心理學探索中，心靈（精神）旣是觀察研究的對象，又是觀察研究的手段。「你聽說過鐵鎚敲打自己嗎？在心理學上，觀察者也是被觀察者。精神不僅是這門科學的客體，也

---

❻ 榮格，《心理學與文學》，頁48。
❼ 芭芭拉・漢娜，《榮格的生活與工作》，頁77。

是它的主體。」❽心理學的這種自我相關性，使榮格不能不採取極端謹慎的和相對主義的態度。他反覆考察事實，而對於新的理論則總是小心翼翼。他總是提醒說，在下結論時不要過於專斷。

榮格心理學是一種現象學，但不是像胡塞爾（E. Husserl, 1859-1938, 德國哲學家, 現象學鼻祖）那樣研究意識心理的現象學，而是研究人類無意識心理的現象學。

(二)榮格的「神祕主義」

由於從神話、宗教和巫術、煉金術和占星術、夢幻、想像和精神病例，以及他個人的神祕體驗和令人驚奇的預感中汲取了豐富的資料 —— 人類心理經驗的事實，榮格不斷地被指責爲宣揚蒙昧主義和神祕主義。攻擊榮格最厲害的，是德國猶太哲學家馬丁‧布伯（Martin Buber）。他閱過榮格於 1917 年私人出版的小册子《向死者七次布道》，後來攻擊榮格爲諾斯替教的崇拜者和神祕主義者，至使榮格形象受到很大損失。以至於榮格說，該書的出版是他年輕時所犯下的錯誤。

十九世紀末期，唯物主義思潮統治著學術界，神祕的，超理解的事物受到普遍的懷疑和嘲諷。可是，大學時代的榮格卻無法隨波逐流。他以一個科學家應有的實事求是的態度，承認那些神祕事物的存在，並主張把它們作爲科學研究的對象。當時，榮格加入了大學裡的一個學生聯誼會（名爲「左芬吉亞」），據他的同學和會友奧利和施泰納的回憶，榮格經常參加聯誼和俱樂會舉辦

---

❽ 榮格，《分析心理學的理論與實踐》，頁137。

的討論，講演等活動，並在發言中為「神祕主義王國」辯護。「他堅持說，僅僅由於它還是一個無人知曉的領域，就把它作為謬論而拒之於研究的門外，這是地地道道的愚蠢行為。應該以科學的精神去探索和研究它，……即使在當時，在使神祕主義成為科學研究的對象方面，他也是一個開路先鋒。」❾

榮格看到，人類心理中的神祕經驗深於理性也高於理性，就像尼采所說的，理智像一個侍女，她跟隨在經驗之後，照亮了我們踏過的路，卻不能為我們指出前進的路。

例如他家中的胡桃木圓桌突然破裂和麵包刀突然斷成碎片，可能屬於人體特異功能，是神祕的、超理解的，但它是事實。既然是事實，人們就不應避而不見，或一言以蔽之曰「迷信」，而應當承認並加以研究。

榮格本人可能就有特異功能。前面已經說過，他曾在弗洛伊德面前，使物品碎裂並發出聲響。還有一件有趣的事：榮格原先酒量不小，但因布洛伊勒是一個絕對戒酒主義者，他也就戒了酒。有一天，奧利遠行歸來與榮格見面，「榮格朝他的酒杯裡瞧了瞧，酒立即變成了醋！」❿

榮格本人多次表示，他並非「神祕主義者」。他說：「而我可不是傳播奇跡的人，我只是按經驗辦事。」他還說：「研究無意識集體心靈的構造，可能會作出你在比較解剖學中也會作出的相同發現，……其實，集體無意識一點也不神祕。」⓫

但無意識及其心理學畢竟是有些「神祕」的，榮格有時也無

---

❾ 芭芭拉・漢娜，《榮格的生活與工作》，頁66。

❿ 同上書，頁79。

⓫ 榮格，《分析心理學的理論與實踐》，頁41。

可奈何。在1935年的倫敦講座上，有人問起榮格心理學中的神祕主義內容，榮格回答時說，在這樣談論問題時，應當對「神祕主義」一詞加以界定：「讓我們假定你指的是那些具有神祕經驗的人。神祕主義者是這樣一些人，他們具有集體無意識過程所特有的那種生動的經驗。神祕的經驗就是有關原型的經驗。」⓬

在榮格看來，有關的經驗事實可能是神祕的，但是，這並不是由於事實本身的神祕，而只是對於人類心靈才是神祕的。自從說出「認識自己」這句偉大箴言的古希臘思想家泰勒斯 (Thales of Miletus, 活動期為西元前 580 年前後) 作出靈肉劃分以來，整個哲學史上就貫穿著靈與肉，身與心，物質與精神等等無休無止的爭論。人類心靈無法將二者視為同一個東西，正如人類心靈很難接受現代物理學中的波粒二象性。但心理學家所依據的，只能是經驗。榮格說：「我們從經驗中所能知道的是，身體活動和精神過程是以某種神祕方式一起發生的。我們不把身，心看作同一個東西，這只能歸咎於我們可悲的心靈；也許它們就是同一個東西，只是我們沒有能力這樣認識罷了。」⓭

榮格多次談到人類心靈的這種局限性。在他看來，「精神和物質這兩個概念不過是純粹的象徵，它們代表的是某種未知的和尚未加以探測的東西。」⓮

那麼，榮格心理學究竟是科學，還是蒙昧主義和神祕主義呢？

最強調其科學性的是美國哲學家科恩 (E. D. Cohen)。科恩

⓬ 榮格，《分析心理學的理論與實踐》，頁107。

⓭ 同上書，頁32。

⓮ 榮格，《心理學與文學》，頁31。

曾到蘇黎世榮格學院研究過分析心理學，對榮格的理論有很精闢的見解。在其《榮格與科學態度》(1975) 一書中，他特別著力於論證榮格心理學的科學性。他說：「這個理論是真正的科學的，儘管這個理論的批評者們指責作者是蒙昧主義和神祕主義。」⑮

科恩認為，在十九世紀歐幾里德空間和牛頓物質概念的背景下，人們把榮格等人對無意識的研究視為荒謬，但二十世紀現代物理學的成就，已經改變了人們對空間、時間、物質、能量、現實性等等的看法。因此對待心理學的態度亦應相應地改變。意識顯現在時間─空間的連續體中，但無意識現象屬於超時間，超空間，超因果性的現實，即科恩稱之為「最高現實」的心理現實，不可能在空間，時間和因果性的範圍內研究。

現代科學的成就也相應地改變了人們的科學觀念。何謂科學？何謂科學性？這要在現代科學發展的水平上予以回答。

所以，要正確理解榮格心理學，需要改換態度和眼光。榮格說：「從哲學觀點看，我的經驗論概念（比如原型及其他）外表上看起來應該是真正的『邏輯上的怪物』。」⑯從二十世紀的眼光來看，榮格等人的研究成果，原先可能被視為「荒謬」，現在則可能會被視為正確。

榮格一生常常不為他人所理解。也許每一個接觸到榮格心理學的人，都會產生某種神祕感。就連科恩也承認，研究者們常常面臨著一個問題：這個學說是否過分地獨出心裁了，以致它不可能是科學理論，而是宗教神祕學？榮格也常被提問者們糾纏得很苦，因為他無法對他們解釋清楚。

---

⑮　E. D. 科恩，《C. G. 榮格與科學態度》，頁7。

⑯　趙璧如主編，《現代心理學的方法論和歷史發展中的一些問題》，頁453。

1935年，榮格在倫敦塔維斯托克（Tavistock）診所開辦的晚間講座上，為約二百名醫學學者和醫生作講演。他受到熱烈的歡迎，一連講了五次。每次講演一小時，接著與聽眾討論一小時。就在第二講的討論中，榮格就他常受到「宣揚可怕的蒙昧主義」的指責，作了如下的解釋：「這是一個不小的麻煩：在人們對這些東西的一般了解與我多年對它們的研究之間有一道很深的鴻溝，⋯⋯為了理解無意識的某些事實，我不得不研究東方。我不得不追溯一下東方的象徵主義，⋯⋯我要研究中國和印度，而且還不得不對甚至連專家們也一無所知的梵語文獻和中世紀拉丁手稿進行研究，為此必須到大英博物館查閱有關文獻，⋯⋯在人們獲得這些知識之前，我在他們眼中只是一個巫師。他們說那是催眠術巫師的花招。他們在中世紀就這樣說過。他們說：『你怎麼能看出木星帶有衞星？』如果你說你是用望遠鏡看到的，那麼望遠鏡對中世紀的聽眾來說是個什麼玩藝呢？」**⓱**

從這段話可以看出榮格的自知之明：他知道自己比別人下潛得更深，或者換言之，他知道自己走在了時代的前面。因之他也非常清醒地知道，他的確不易為當代人所理解。他又以自己和愛因斯坦為例，說明解釋和理解的困難：「在大名鼎鼎的愛因斯坦還在蘇黎世作教授的時候，我本人就有過這類經驗。在他研究相對論的那段時間，我時常見到他。他常來我家，我經常問到相對論。數學不是我的專長，你可以想像這可憐的人在向我解釋相對論時所遇到的困難。他不知道該怎樣向我解釋才好。當看到他的困窘時，我恨不得鑽入地下，我感到自己太渺小。後來有一天他

⓱ 榮格，《分析心理學的理論與實踐》，頁70-71。

問我心理學方面的問題，於是我也有了雪恥的機會。」❸

　　科學與「神祕」也許是這樣一對概念：我們已經認識了的「神祕」就是科學，而對於那些我們尚未達到科學認識的事物，我們稱之為「神祕」。榮格心理學究竟是科學還是神祕學？這要看我們對它的認識程度。按照榮格學術自身的思維方式，對這個問題，我們在某種意義上也未嘗不可以回答為「二者皆是」。

(三)榮格的人本主義

　　榮格對科學主義提出尖銳的批評。他認為十九世紀後半期在科學唯物主義的影響下，發展出了一種「沒有靈魂的心理學」，「沒有精神的心理學」，「沒有心理的心理學」。而這所有的心理學，「實際上都不過是意識心理學，對於它們說來，無意識精神生活根本不存在。」❹

　　榮格指出，以為意識能夠支配一切，不過是一種自我陶醉，人的生活是有「靈魂」的生活，因此應當建立一種「有靈魂的心理學」。這種「有靈魂的心理學」，把人格視為既包括意識的峰巒，又包括無意識海洋的寶藏的感性主體。它關心人類心理的健康與完整，它保護人類心理的和諧與均衡，它珍存著人類心靈的激情、智慧、創造力及其全部豐富性。

　　榮格心理學就是這種「有靈魂的心理學」。它的強烈的人文主義傾向，使人們深切感受到榮格「心靈的偉大」。

　　像西方許多先進的學者一樣，榮格不僅打破了歐洲中心論和

---

❸　榮格，《分析心理學的理論與實踐》，頁72。

❹　榮格，《心理學與文學》，頁35。

白人優越感，表現出對亞非澳美諸洲文化的高度尊重，也徹底拋棄了「聰明先進」的現代人對「愚昧落後」的原始人的輕蔑。懷著人類尋找靈魂的熱切希望，在對西方文化進行反省的同時，他把目光轉向東方，由此他看到，正如人類具有解剖學上的一致性一樣，人類心靈也具有其基本的共同性。而他的研究所達到的無意識心理的最深層次——集體無意識，正是人類心靈的基本結構，是全人類普遍人性的共同心理根基。榮格心理學爲一種嶄新的人文主義奠定了基礎。

「認識你自己」——這千古不磨的名言，銘刻在特爾斐（Dephi）的阿波羅（Apollo）神殿裡，也銘刻在世世代代人們的心上。它使人類不斷地反省自己，完善自己，蘊含著崇高的倫理學意義。榮格心理學就是這一優秀的人文主義傳統在現代的繼承和發揚。

十二、榮格心理學的學術地位與評價

(一)學術界對榮格的評價

　　前面已經說過，攻擊榮格最厲害的是德國著名猶太人哲學家馬丁·布伯。布伯乃存在主義的神學者，常被人指爲具有「耶和華情結」。他的著作名爲《上帝之蝕》(*The Eclipse of God*, 1952)，他說榮格的心理學是神學家的研究科目，而榮格則是門外漢。他一向反對邪教學說，覺得他們很討厭，不光海德格爾、薩特、尼采也皆不合格。從他見到《向死者七次布道》時起，他便肯定榮格乃一諾斯替教的信徒，而當時諾斯替教是受鄙視的。他認爲世界的危機不在於「無神論者」，他們並非危險的人物，危險是來自那些缺乏信仰者。布伯指控榮格不應涉及神學的研究。在他的激烈攻擊下，榮格幾乎有些懊悔自己的年輕無知了。五〇年代後期榮格的聲譽大興，更是榮格自己所始料不及的。

　　五〇年代，另一個批評榮格的人是愛德華·格洛弗(Edward Glover)。格洛弗是英國的弗洛伊德派學者，他在《弗洛伊德還是榮格?》(*Freud or Jung?*, 1956) 中指出了榮格學術內的很多矛盾。他認爲榮格的理論缺乏科學的證明，全靠東方神祕主

義,對衞禮賢的學術全單照收,並指出《金花的祕密》中的性別矛盾。格洛弗覺得很難斷定榮格的理論究竟屬於科學還是屬於宗教,而且在其中找不到精神的鼓舞。他說榮格理論有些像馬克思的理論,並非常常是準確的,而在美學方面弗洛伊德指向兒童心理和昇華與壓抑原則,榮格卻總是模糊的。精神分析者並非藝術家而只是工匠,榮格並未超越之。格洛弗發現榮格的個人無意識並不是集體無意識,因此榮格並非眞實的宗教信仰者,說榮格受漢密托教 (Hermetism) 的影響,因之其學術缺乏清晰,過於沈重,在這點上比弗洛伊德弱得多,榮格的「神祕參與」和所謂的「超驗」等等,都是藝術家所不可能接受的。在兒童心理學方面,榮格的理論更是行不通。

到七〇年代,已出現了許多評論榮格的著作。英國精神病學家安東尼·斯托爾 (Anthony Storr) 的《榮格》(1973) 一書,對榮格心理學作了較爲嚴肅的評論,指出了想像(imagination)在生活裡和精神治療中的效果,肯定了榮格在現代社會的價值。同時,斯托爾也指出,榮格實際上是把崇拜的頭頭變了一個形象。榮格的作品獲得了普遍的欣賞,也有很多人抄襲他的學說,如「新馬」人物本杰明(W. Benjamin)和阿多諾(T. Adorno),婦女解放運動中的女權主義者,巴太爾 (G. Bataille)、巴特 (R. Barthes)、傅柯 (M. Foucault) 和巴黎的老師們及結構主義者與解構主義者等等,卻常不提及榮格的名字。新弗洛伊德派 (Neo-Freudians) 和反榮格的一些人也偸用榮格的理論。雖然榮格影響了赫爾曼·海塞 (H. Hesse)、阿諾爾德·湯因比 (A. Toynbee) 和德國物理學家 W. 保利 (W. Pauli) 等人,榮格心理學的價值到現在還未能確定。例如「同時性」,斯托爾

說他還未找到它的用處。另外，他又指出，榮格所謂的病人、名流、明星、富人的妻子等等，多爲有錢人和社會上層人物，他們都受過相當的教育，又有很多時間閱讀和孤獨地反省（solitude），而普通人是達不到採用榮格心理學的水平的。

1976 年，瑞士物理學家卡普拉（F. Capra）在他的《物理學之道》（*The Tao of Physics*）和其他著作中指出，榮格心理學是超越了笛卡爾和牛頓世界的新時代的產物。（卡普拉的著作已有中譯本，受到中國讀者的欣賞，以至錢學森的好評，但我認爲卡普拉忘記了主觀精神。他似乎是超越了榮格，比榮格更浪漫，但他是個過於唯物的人，而我看榮格是較爲藝術化的，以科學主義的觀點來看榮格是很危險的。）

對榮格的學術同聲同氣地讚賞的，是美國猶太裔學者埃德蒙‧科恩（Edmund D. Cohen）。科恩曾就學於瑞士榮格學院，他的《榮格與科學態度》（*C. G. Jung and the Scientific Attitude*）對榮格非常維護。在前面的章節裡已經談到了科恩對榮格學術思想的高度評價，確認其科學性與在現代的學術地位。同時，針對某些人對榮格「反猶」和「親納粹」的指控，科恩考察了事情的來龍去脈，指出榮格並非同情納粹黨。另一方面，雖然科恩對榮格十分推崇，他也指出了榮格心理學發展中的危險，那就是人格崇拜和英雄崇拜（對榮格的崇拜），這也是榮格本人生時所反對的。

現在，西方公認，說榮格「反猶」和「親納粹」是過分的：

1.榮格是日爾曼人，當然會有朋友是親納粹的，其中一人名爲豪華爾（J. W. Hauer），他是北歐民族主義者，反猶，並且公開支持希特勒，把希魔歌頌爲人民的天才。那個時代雅利安主

義（Aryanism）非常高漲，很多人也犯過支持希魔的錯誤。榮格曾寫過一篇文章〈烏坦〉（Wotan），烏坦乃北歐神話中的風神，榮格指出風神崇拜可使德人陷入集體無意識的政治。榮格曾說過日爾曼民族的無意識要比猶太人的更豐富，又說過猶太人未曾創造出一種文化，他們是游牧民族等語。榮格也曾到慕尼黑廣場去看過希特勒演說，但與希特勒並無往來。

2.納粹剛取得權力不久，榮格接任精神治療總會（General Medical Society for Psychotherapy）的主席，時間不長卽退任。後來榮格為自己辯解說，因為他要掌握到一些影響力才能挽救精神分析運動。當時，納粹黨認為精神分析是猶太人的產物，弗洛伊德的著作被焚燒，以猶太人為核心的精神分析學派受到迫害。

3.榮格有很多猶太裔的同事，所以不能說他是反猶主義者。但近朱者赤，近墨者黑，接近同情猶太人的朋友，他也同情猶太人，在反猶的場合，榮格也可能說一些附合的話。結果許多反對榮格學說的人說榮格利用這些機會反猶，這種指責該是失當的。

4.榮格絕對不是納粹喜歡的人物，他們只是利用他而已。但是榮格的確說過一些不智的話，是很遺憾的。的確，神祕主義，包括納粹的神祕主義，與榮格心理學有某些相似，而榮格的學說又確有其北歐的民族性。榮格提出所謂猶太人心理學和日爾曼人心理學並找尋兩者的不同，實在是笨拙之舉。那些事情給榮格招災惹禍。

筆者以為，猶太人與歐洲人混合了很久，歐洲人也有猶太人人格的成分，差不多每人都有閃族（Semitic）元素。在宗教文化中已分不開猶太人歐洲人，如上帝和耶穌等等。所謂 in the blood。 這不像中國人日本人之分。因之反猶是一政治目標。有像中國人的幫派，祕密有血盟團體，回教，基督教，人格區分等等，問題不易解決。

　　與榮格唱反調的書不多，前些年只出版了幾部，其中一部名爲《榮格 —— 鬧鬼的預言家》(*C. G. Jung—The Haunted Prophet*, 1976)，作者爲保羅・斯特恩 (Paul J. Stern)。斯特恩是一位精神分析學家， 出生於德國， 就學於蘇黎世和加大 (UCLA，洛杉磯)。 雖然該書是否定榮格的， 說榮格從一個受到困擾的鬼常出沒的心理學家變成爲一個預言家，但斯特恩也並未肯定弗洛伊德的學說，沒有贈給弗洛伊德精神分析學的皇冠。斯特恩諷刺榮格自稱爲「新時代」的預言者。這個「新時代」卽是所謂「水瓶座時代」(Age of Aquarius)，將出現形形色色的怪誕形象，是人類的靈感轉變的時代。

　　斯特恩談及榮格生於瑞士山區，從小就迷信憂世（「杞人憂天」的魔術風景）。榮格的妻子富有， 讓他搞三搞四， 而他玩世不恭，還有情婦（指托尼・沃爾芙）。 斯特恩認爲， 榮格雖然博學， 但並沒有把《易經》寫清楚， 論述晦澀而又缺乏邏輯性，《易經》只是增強了榮格的迷信而已。榮格認爲，有創造力的藝術家一定要有神靈，而且最好是克服了精神病再跑出來才能有高明的創作。 榮格對煉金術， 神話和巫術等的崇拜， 使他描繪出「集體無意識」原則， 但榮格的神話世界太廣， 宗教的經驗主義、自我主義、神祕主義太過沈重。他也沒有辦法超越之，因此所謂「集體無意識」乃一雜碎炒飯。

　　斯特恩說榮格是長著反骨的人， 他常常結交前輩巨人爲導師，然後反叛，如布洛伊勒，弗洛伊德，最後他們成爲榮格的逆

者。(榮格受了尼采的影響，尼采說:「一個學生信服老師，是給
老師很少的酬報。」)斯特恩認爲榮格的心理學基礎是不穩定的，
是人爲的，其宏偉是令人難受的，因爲欲望和恐懼常常遮蓋住榮
格的生活。榮格常找出種種藉口來逃避現實，他聽說印度每家都
有神位，人可以躲到那裡休息一會，於是也買了一塊地建造別
墅，用以避人。

斯特恩認爲榮格過於保守，顧慮自己的安全，缺少預言家的
勇氣。榮格出自浪漫時代，由於現代社會帶給人類很多災禍，如
兩次世界大戰，核子武器的威脅等，致使人類的靈魂受傷，而榮
格的心理學推崇主觀，使之凌駕於客觀之上，形成了一個靈魂的
王國。於是二十世紀的窗口文化不但與歷史學家、藝術家、哲學
家、有關人士，還要加上一個心理學狂人（斯特恩指榮格）。

斯特恩對榮格所取得的成就是很嫉妒的，反映出歐洲人在社
會上的競爭個性。斯特恩看到歐美的勝利，看到美國大眾文化混
合著弗洛伊德式的享樂主義，遂造成了一個很荒謬的世界。斯特
恩畢竟是德國人，指出了西方本身和德國文化的壓抑。因此看到
榮格表達的是一個兒童神話般的世界，又害怕共產主義，又不喜
歡資本消費世界，而榮格創造的基督教只不過是一隻破舟而已。

但當我們閱讀文森特・布羅姆 (Vincent Brome) 的《榮
格》 (1978) 時，就會看到一個不同的榮格。

二十世紀的人們受了達爾文的發現的打擊，沈迷於唯物主義
之中，弗洛伊德和榮格皆因人類失去了信仰而獲得了成名的福
氣，因爲人類需要明白怎樣認識劣神所創造的紅塵世界，怎樣使
理想世界不受污染。達爾文、馬克思、弗洛伊德頓然成爲巨像。
布羅姆說，本來榮格可能永遠達不到這個神聖的位置。可是第二

次世界大戰之後，西方人更加沈迷於靈力，神話，占星術等等的神祕主義之中，而出現了「非理性的復興」(a renaissance of the irrational)，榮格頓然變成了巨人。全世界的大知識分子，名人和富人紛紛來到瑞士朝見他，他們找到的是一個魁偉的人，奇怪的是這位科學家搞的是打坐占卦念《易經》，以及煉金術等神祕主義的東西，帶他們返回到異教了。

　　榮格能寫出《回答約伯》這樣對上帝不滿的書，榮格也能歌頌他的情婦，說她的詩作比得上歌德。因之布羅姆發現榮格並不是一個反猶和親納粹者。

　　布羅姆發現榮格是非常惡作劇的，因為他看到了榮格對世界空虛的看法。似乎有兩個榮格。五十歲之前，榮格頭髮短短的，有普魯士精神和北歐人嚴格的工作態度，與維也納都市的弗洛伊德頗為協調。布羅姆認為，與弗洛伊德分手後，榮格患了精神分裂症，人格的改變使他儼然變成了一個給文明治病的大巫師 (shaman)，曾說帶來一個神志清楚的人我也會醫治。有一次客人來找他時，他說「你也在熱湯中，哈哈……」，以及所以你來找我聽我說話，他人對我的幻覺使你迷信等語。榮格從未承認過自己曾經患過神經病，只說自己具有兩個人格。現在他的身體搭住宇宙，他的精神到了太空到了將來。布羅姆說榮格是一開明父親，但總有點怒氣，當人們做錯了一點事時，他便會發怒的。

　　科幻小說家威爾斯 (H. G. Wells) 問榮格：「你相信上帝嗎？」他沒有回答。榮格相信那個老智者 (wise old man)，總是認為世界陷入了集體無意識。後來在一次電視訪問中，他說：I do not take His (上帝的) existence on belief, —— I know. 他的回答有諾斯的意思，頗具諾斯替教的色彩。榮格的

人格非常複雜，充滿了情結。

布羅姆的書以及他對榮格的看法產生了很大的影響。

近年來，詹姆斯・希爾曼（James Hillman）可能是榮格心理學派中最有爭議的一位，有些人並認為他是美國著名心理學家詹姆斯（W. James）之後最有創造性的心理學者。希爾曼是美籍猶太裔，早年隨榮格學習。他聽到榮格說：「不是我們擁有原型，而是原型擁有我們。」（We don't have the archetypes, the archetypes have us!）因之希爾曼拼命地研究原型，男神和女神。所以他不注意現實，而創立所謂「原型心理學」。他說，我們已經有了一百年精神分析的經驗，世界卻變得更壞了！希爾曼走向經院哲學和新柏拉圖主義，走向召魂的通神術（theurgy），直接向神討教而不需要分析。希爾曼很有說服力，在神學家大衞・米勒（David Miller）和當代法國伊斯蘭學者科賓（H. Corbin）的影響下，他的學說更富於學院派色彩，他很詳盡地思考和描述神話、夢、神的原型等等，稱這種方法為 pathologizing（病理學）。他說唯有pathologizing可以避免死亡。本來，mythologizing 的意思就是 pathologizing，希爾曼更走上了唯一論和悲觀的道路。

希爾曼認為，人為了自己（"I" ness），喪失了靈魂，因之要 soul making，這一點帶有 flight of the alone to the alone 的逃避主義。希爾曼指出，看（seeing），一定要再看 re-vision（不是 revision）。他說榮格本來就是搞原型心理學的。希爾曼總也擺脫不掉他的猶太教背景，追求上帝，質問上帝，最後也是因「父親」的緣故（in the name of the Father），退回到弗洛伊德心理學。但是今天心理學日益注意成

人虐待兒童的罪惡；缺乏了嚴格的科學基礎，「精神分析」的權威也沒有像從前的那麼高了。

希爾曼很認眞很熱情地想使心理學擺脫自我中心。他和大衞・米勒想擺脫軍備工業和集權主義的支配。他們看到多元文化能擺脫一神論的支配。就是在這個矛盾內，後榮格主義擺脫不了他們的僵局。於是希爾曼認爲，榮格的「對立的統一」（兩極合併，union of the opposites）必然要變爲「同一的統一」(union of the same)，這個結論馬上獲得了同性戀者的支持。榮格在生時，認爲同性戀者不能生育則是一種不良的風俗，並不是煉金術士所喜歡的。

希爾曼的思想未被多數榮格學者所接受。他們多說 Jung is OK; Jungian, may be! 但是後榮格心理學則太過離譜了。後榮格心理學大抵是受了法國化了的弗洛伊德思想拉康派 (Lacanians)，法國化的尼采派和解構主義的影響。其實法國的時髦學說本來是出自榮格對「五月風暴」後的影響，搞學潮的教授打著弗洛伊德、榮格、尼采的思想旗號，布希亞 (J. Baudrillard, 法國社會學家) 後來把榮格思想改爲後現代主義(post-modernism)，認爲西方文明已達到內部爆發 (implosion) 的程度，因此希爾曼的學說有些像受狗尾巴的擺布，而已經不像榮格心理學了。當今榮格心理學已不太受希爾曼的影響，而走回正牌的榮格，不過寫書的人也減少了。

默里・斯坦因 (Murray Stein, 1943-) 是一神學學者，信仰路德教的美國人，現居伊州，他很不同意斯特恩對榮格的看法，認爲榮格是一個好好基督徒。斯坦因問，爲什麼榮格要在晚年（最後的二十年）積極地研究基督教，並寫了《回答約伯》和

《愛翁 —— 自我現象學》這兩部重要的著作呢？在《榮格對基督教的治療 —— 對一種宗教傳統的心理療法》(*Jung's Treatment of Christianity —— The Psychotherapy of a Religious Tradition,* 1985) 一書中，斯坦因指出，榮格很早就懂得了諾斯替教，後來採用諾斯替教條和他自己的心理學來爲基督教治病。榮格把戰後，尤其是五〇年代對基督教產生的危機一一揭示出來。榮格的前輩弗洛伊德晚年在倫敦寫《摩西與一神教》，主要是告訴世人，根據他的研究，摩西很可能是埃及王子，在出埃及後爲部下所暗殺。對那個歐人反猶情緒甚高的時代，弗洛伊德給予了雙重的警告，一方面指出摩西並非猶太人的神話，以克服猶太人的自卑心，另一方面提醒西人宗教乃幻覺。弗洛伊德的俄狄浦斯神話帶有諾斯替教的影響，警告人類勿崇拜上帝這個劣神，以免產生悲劇。弗氏是一個無神論者，他的《幻想的未來》是對崇拜的攻擊，奇怪的是猶太人懇求他不要出版他論摩西的書。其他西方著名心理學家如詹姆斯等人，對西方宗教危機也是感嘆的。

榮格看到自己的牧師父親一輩子的無能和矛盾，在五〇年代武器競爭的年代，又看到西方宗教道德的僵化，他想採用西方科學經驗主義和從衛禮賢接受的影響，以四的原則來取代三一原則。

從幾何學的觀點看來，每兩點之間可畫一條直線，每三點之間可做一個圓。唯有四點才能糾正方形並肯定圓圈的位置。意識是圓圈，但給予個人以責任，要有四點，這是頗有意思的「神聖幾何學」，也是榮格欣賞漢學的原因。

因此，榮格寫了《現代人尋找靈魂》。起初，受到天主教一位神父懷特 (Victor White) 的讚賞。他使教會人士把榮格看

得很高。由於中國陰陽學和諾斯替教的影響，榮格絕不能同意教堂的教條，所謂privatio boni 缺乏了友善，奧古斯丁認爲 evil is the absent of good，而邪教認爲多多做好事亦不能消滅邪惡。榮格認爲，我們要面對邪惡，切實地解決才行，教堂的方法是虛僞的。榮格提倡知識 (Gnosis) 超過信仰 (Faith)。榮格認爲每個人皆有火點，是來自摩尼教的影響（須知奧古斯丁曾是摩尼教徒），因之宗教人士不可能接受榮格的宗教思想，維克托·懷特遂與榮格分手。

斯坦因指出，榮格是個醫生，受了美國實用主義的影響，他看到宗教的危機，而認爲採用什麼方法都行，只要醫好病人卽可。所以榮格採用漢密脫、巫術、個體化、解釋方法等等，甚至東方占星學、佛教、道教、曼荼羅、無不可以研究，只要能使病人產生一種轉變 (transformation)，而意識到自己的誤區和弱點，就可以解決問題了，雖然事情並不是那樣容易的。

榮格與弗洛伊德都曾發現到心情的轉移是非常重要的因素。在轉移和再轉移(transference and counter transference)的過程中，需要有一定的宗教敬畏感，以使醫生獲得病人的信任。再轉移是醫生情緒轉移至病人方面，像「第五縱隊」或「特洛伊木馬」，入侵到病人的心裡來替他治病。病人往往將他背上的屍體拋到醫生背上，有了依託，他自己的病就好了。

從醫學道德上說，榮格此舉是頗爲令人震驚的。病人往往給醫生很大的損害。醫生爲了承擔病人的病而心靈受傷，於是榮格便是醫生的醫生了。榮格看到西方的危機而設法救治，暮年極爲孤寂，因此斯坦因不能同意斯特恩說榮格是「鬧鬼」的預言家。

斯坦因並指出榮格年輕時受了歐洲民間故事「安弗塔斯的傷

口」(Amfortas Wound) 的影響。在中世紀的傳說中，耶穌的伯父將耶穌被刺的矛槍和最後的晚餐上的聖杯帶到歐洲，藏在西班牙比利牛斯山蒙沙瓦特的古堡裡，由安弗塔斯國王保護著。一天，聖矛被一魔術家騙走，安弗塔斯在搏鬥中受傷，只有取回聖矛方可治癒他的傷口，而只有一個天眞無邪的靑年才可完成這一使命。所有的騎士都認爲，帕西伐爾是最愚蠢的人，於是將他驅使。帕西伐爾連自己的父親是誰都不知道，更不懂得如何奪回聖矛，卻勇敢地承擔了這一使命。魔術家派一女巫來引誘他，但他不爲所動。他屢犯錯誤，卻增長了見識。魔術家爲了殺死他，把聖矛向他投來，卻被他輕鬆地接住了。

國王受不住創傷的煎熬，懇求騎士們把他殺死。這時，帕西伐爾回來了，他用聖矛治癒了國王。人們開始祈禱，感謝神的幫助。聖杯發出光芒，一隻白鴿在帕西伐爾的頭上飛舞。天眞無邪的帕西伐爾受到騎士們和安弗塔斯國王的頂禮膜拜，當了國王。

榮格把這個神話影射到自己的生活中，他看到自己的父親乃安弗塔斯！他的父親象徵歐洲人的牧師，榮格要替他治病。

榮格提倡的心理學也屬於自戀主義 (narcissism)。在新時代怪誕的社會生活裡，人感到孤獨和寂寞，不發狂就可算是幸運兒了。總之，斯坦因看到榮格心理學的重要。世界文化正走向多元化，就像人類再次進入諾斯替世紀。然而西方宗教猶太教，基督教和伊斯蘭教，皆非可以容納邪惡的宗教。人類對邪惡魔鬼宣戰而又逃避，但它是不會讓人類勝利的。人類要與它妥協，不是殺狼，而是與狼共舞。斯坦因看到榮格指出了很多事情，如希魔殘殺數百萬猶太人等等，象徵著那已形成了的「轉換的象徵」(Symbols of Transformation)。因此，斯坦因說有人認爲

榮格曾說過反猶太人的話，實際上並非榮格反猶，而是指出歷史所產生的毒瘤，人類共同的弊病，人們很容易誤解和陷入仇恨。人類應當面對那些弊病而將之轉換。斯坦因認爲，德人屠殺猶太人已成爲一「替罪羔羊」的宗教象徵。

　　近年來評論精神分析的書籍極多，多認爲精神分析接近於藝術而非科學。漸漸地，西方科學已經否定了精神分析具有堅實的基礎，只有指出無意識的存在的「失言」事件和還有些科學根據。不過，精神分析並沒有被推翻，而榮格和弗洛伊德分手的眞相仍需更深的追尋。1906年，弗洛伊德五十歲，榮格三十一歲。一個來自帝俄的十八歲的女郎求治於榮格。約翰・克爾（John Kerr）在最近發現的薩賓娜・斯比蘭（Sabina Spielrein）的日記和七百封榮格與弗洛伊德的往來信件（多已出版）裡，發現了廬山眞面目。在《一種最危險的方法：榮格，弗洛伊德和薩賓娜記事》中，克爾指出了精神分析的危險，因爲病人童年的幻想和事件因有浮士德般的引誘者，能被分析者剝削，通過心理轉移而使病人進入榮格的色情範圍之內。斯比蘭是個非常聰明的俄國猶太裔少女，從十八歲到二十三歲，她在所謂精神病的過程中成爲榮格的學生，繆斯（muse）和性愛的情人。榮格發覺她不對頭而指控她引誘他。後來，她跑到弗洛伊德處去告狀。事關弗洛伊德與其妻子的妹妹有染，很奇怪的，她的臥室是要經過弗氏夫婦的房門才能進入的，這該是一祕密。但此事在榮格爲弗洛伊德釋夢時，被榮格說破了，其時兩人的合作已有了分離的傾向。因之弗洛伊德可能將斯比蘭事件發表出來，而使榮格名譽掃地，同時弗洛伊德也懼怕榮格把自己的祕密向世人宣告。主要的是弗洛伊德要在觀念（ideology）上馴服他的大弟子榮格，而避免兩

敗俱傷的爭鬥。因此他們同意由弗洛伊德接受斯比蘭爲門徒，把她教成爲精神分析學家。後來，她取得的成就頗爲可觀。鼎鼎大名的兒童心理學家皮亞杰 (Piaget) 也是受過斯比蘭的精神分析的。俄國革命後她回俄國，對俄國心理學影響甚巨。她影響了盧利亞 (A. R. Luria)、維吉斯基 (Vygotsky) 等人。她研究弗洛伊德和馬克思，認爲或可造福人類。斯比蘭在斯大林時代的1937年大清洗中失踪。

克爾是美國研究精神學史的專家，他認爲斯比蘭作爲懷春少女，以榮格因被吸引而產生對猶太阿尼瑪的崇拜，以及榮格對猶太阿尼姆斯的弱點的憤怒，來損壞榮格心理學，其所作所爲是不對的。她成爲一個「叛徒」，回到父親（弗洛伊德）的懷抱。克爾也責備斯比蘭，說她的觀點得不到婦女評論界的支持。今天女權主義否定弗洛伊德的「戀父情結」和「閹割情結」。

女權主義者對法國精神分析家拉康 (Lacan) 的學說有好感，因爲拉康的幻想、主觀，和鏡子三個長大階段 (imaginary order、matheme和mirror stage)，讓女性有其報仇的出路。雖然拉康是反女權的，但是西方心理學（左派）沒有擺脫榮格的原型論。榮格雖然尊重女人，但他把女人放在傳統原型之內。

（二）人類心理對經濟政治和社會的影響及榮格思想的現代意義

(1)人類心理對經濟政治的影響

從西方煉金術的觀點來看，社會的生存，是以個人獨立的特性和個人的二元性爲皈依的。同時，人的個體化和表達與社會的

支撐是相輔相成的。一如母親之於嬰兒，母親給嬰兒營養，孩子則給母親精神上的安慰，繼續不斷地交互著以至孩子長大成人。以此譬喻爲基礎，延伸至國家社會，以及世界，均有著相似的結構。生活上之所以會有迷惑，那是因爲我們有時被捲入一個很大的框架，我們滿懷熱情，要將那在構思中的形象，模型或目標，拿來給人類作爲獲得幸福的指導。這種挑戰可以使個人得到興奮，然而對社會來說，是無益的，甚至可說是一種厭煩的顧慮。也可說是一種虛無的想法，具體些說就是烏托邦主義。烏托邦是要人類能達成的，才算是較爲實際的理想，但是烏托邦是沒有實際的條件做基礎的，僅僅是一個理想而已。對個人來說，我們的心靈上有兩個想法：一個是烏托邦的幻影，另一個則是個人的顧慮，或者說是自私。兩者之間總是有著矛盾的關係，就像餐桌上的一盤紅燒肉，或者說是經濟狀況，在視線上代表神祕的視覺，同時也頗具有誘惑性。對饑餓的人群來說，是非常具有吸引力和意義的。

　　馬克思主義的學說是一套很偉大的經濟理論。至今爲止，是否行得通，尚無切實的證明。應當研究馬克思的歷史唯物論中的心理學，但當今這個問題總不是一種吃香的研究，雖然精神和靈魂是歷史發展的重要因素。比如說當一個人到了中年的時候，他會回顧一下，並且問道：生活的本質是什麼？也發覺到肉體，金錢，甚至一切財產，包括有形的，無形的在內，也只不過是生活中的一小部分而已。那奧妙的人生創造，靈魂的力量，才是歷史前進的動力。於是我們便會發現，歷史就是人類靈魂的故事。這種想法總不算是荒謬的。

　　歷史是心靈的發展，是意識的滋長。文明和文化是歷史的附帶現象。原始人的心靈是給原始時代的。文明人的心靈是給文

明時代的。心靈總居於首位。這是不應也不可嘲笑的。但並非說一元論勝於二元論。心靈的顧慮是怎樣方能滿足「原始模型」(archetypes) 的要求？例如，心靈中可以產生上帝，民主等理論，那是心靈上的要求。我們可以看看俄國歷史上對這一元論方面的闡釋。自從韃靼和成吉思汗時代之後，東方文明太弱，俄國逐漸捲入了歐洲的範圍，也並非大部分人民的意願。我們要先打開中世紀的一頁，以它作為參考資料來討論。這個卓越的要求所產生出來的集體的下層意識和無意識的形態，是在沙皇，皇后，上帝等等象徵的反映之下的原始模型。我們可以說俄國是一個似動非動的社會。如反觀西歐，教皇則擔任著心靈上的行政工作也就是下層意識一面的行業 —— 也可說是活動。他們的社會充滿著各種神祕的投射 —— 那是最為大家所夢寐以求的自由、平等、人權、民主、消費、物質享受，多姿多彩的行為……，不勝枚舉。在心理學上即所謂的客觀心理所產生出來的目標，也就是法國心理學家列維·布留爾所說的「神祕參與」。但我們可千萬不能忘記福爾特爾曾經說過的話：「人類之所以幹出凶殘的勾當，完全是因為荒謬的信仰之支配。」—— 這種例子俯拾皆是。如最近幾十年來在中南美的一個小國家中有幾百人集體自殺，就是最好的證明。基督教總有它的神祕與荒謬性，所謂「我們相信也正是因為它的荒謬」。俄國與歐洲已各有其吸引性與神祕性。

文藝復興，把將「自我」尊之為「神」的自我意識帶給了西方，並用以代表人類的成就。我們看到了達·芬奇、米開朗基羅等大師的畫那「人性，太人性」的基本色彩，甚至到耶穌，也是一個美男子，可以說是個瀟瀟灑灑的男子漢。可是，「人」的發展也到了高峰。現在，伊斯蘭教教義仍然認為收取利息是一種罪

惡的勾當，俄國國內有不少伊斯蘭教徒受此影響，反映出在俄國人心理上的情結。但馬基雅弗利和意大利人看到收取利息不是一種罪行。意識的區分在西歐有助於工商業的發展，基督教地區漸漸變成了城市。馬克思所說的布爾喬亞中產階級就是城市的集團，城市的財團等。

　　西歐人的意識，慢慢地向著金錢看齊。同時也說明了對金錢的興趣也漸漸成了生活中的一部分，日積月累就成了一種習慣。金錢是貨物交換的媒介，也可說是工具。人對金錢的心理總是神祕的。看看希臘神話中的漢密斯神，它是專司道路、科學、發明、口才、幸運、商業之神，它也是眾神之使者。漢密斯一字為拉丁文，意為水銀，一如金錢，是活潑的、機智的、多變的使者。今天這變化也發展到電腦世界中了，情報變成了商品。這點也反映在俄國人缺少創造力方面：對金錢和情報不善於處置，卻又派出了不少間諜竊取情報。其實俄國的矛盾主因，在於它是由兩種不同的人種合成的國家：斯拉夫族和白俄。傾向西方的白俄把帝俄擲進了啟蒙運動。彼得大帝的功勞正好給馬克思主義作了基石。

　　十九世紀西歐為重商主義所控制，這是一個殘酷的時代。西歐工人在受苦，俄國農民處於非此又非彼的心理狀態之中。而馬克思主義中的目的論加上理性的客觀主義，很容易地就被一個一元的宗教社會接受了。俄國人信東正教，筆者曾參加過很多次俄人教堂的禮拜儀式，看到他們很熱情地參加宗教活動，這正反映了俄人幫助受難者的熱切。他們是個慷慨的民族，如不信，去西伯利亞一行，就可證明他們確實很慷慨。

　　人類的靈魂對經濟和政治的影響是無可否認的，就因為靈魂

不能被壓縮成一個生產的單位。它是主觀的、帝制的、封建的、他擁有著靈敏的知覺。俄國人對金錢的懷疑態度，對世界的慷慨，對君主的尊重，均具有歷史意義。但它（靈魂）卻是個細小的東西，我們要給予一定程度的尊重。榮格曾說過：「人類往往把世界的危機放在經濟與政治上，其實那是錯誤的看法。」榮格把它喻爲中世紀的煉金術，是一深奧的科目。他說：「俄國代表一個赤色的巨人，他要對自由神（她）展開追求，終必有一天他們會成功地結合，白色和赤色是歐洲皇族的顏色，也許具有神祕的意義。」

榮格爲現代西方一位心理學泰斗，我們不能驟然否定他的封建意識濃厚的思想，同時我們知道有很多人喜歡以美國與俄國相比較。又有人說美之於俄，猶如蘋果之於橙子，但其互異之處，卻又如蘋果之於石頭。美國天天在講人權；但人權總是意識的。所以非要能超越價值觀，方可比較俄國思想的暗潮與西方的意識流。俄國的衞國力量不弱，他們能把希特勒打敗，以焦土抗戰的決心來戰鬥。就像煉金爐內的千變萬化，但俄人能堅毅地支持下去。俄國的農民總是天眞地脫離不開土地。他們枕戈待旦，對戰爭與和平總是有準備地應付。反觀美國，他們還在尋根呢！這個靠移民來輸血的國家，理想的神聖家庭是一個孩子、一輛汽車、一個漂亮的伴侶，這是他們追求的目標和理想。但是不幸得很，家庭的沒落跡象卻越來越明顯了，這也許象徵著自由民主的個人主義的心靈吧。再看看以農奴及土地爲建國基礎的俄國，也有其弱點，他們過分依賴土地，也可說這是他們的「土地情結」吧。

當有人問起《癌病房》的作者索爾仁尼琴（Solzhenitsyn，同時也是《古拉格群島》的作者）哪種政體才適合俄國時，他回

答說「君主政體」。 他不是在開玩笑。 如果說索氏不了解自己同胞俄國人的心理，那麼還有誰懂呢？ 那正是心理上的需要。所以說俄國人總擺脫不開獨裁專制的政體。美國人與俄國人皆有各自的心理因素，只不過都已拋諸腦後而已。《聖經》有言曰：「拋丟了的石頭，才是將來建築的基石。」但這並非說筆同意索者氏關於沙皇捲土重來和美國將成爲一廢墟，或走向獨裁政體的說法。索氏受盡折磨，可能其言辭太富於激動性與焦慮的感情了。

(2)個人與社會

由於社會的進化，筆者希望談談個體狀態與社會問題。個體需要滋長生息，繁衍後代，然而革命與戰爭和所要求的可望而不可及的和平，卻將它連根拔起來了，之後才能達到他們所要求的目標。個人要與自然同化，所謂世界大同，皆是「原始模型」的支配。我們需要有一個超驗的社會，超驗的社會是社會的內部組織，有高度富有個性的人，有因同樣的興趣或信仰而參加的團體。我國老早就有超驗的社會了，我們固有的道德與家庭制度就是這樣的社會的結晶。黑格爾視宗教的組織爲國家內的國家是不恰當的，甚至可說是不對的。筆者旅居美國四十多年，研究西方文明，發現到正是美國人對宗教的態度，才是他們的國家強盛的主要因素之一。富蘭克林和傑弗遜等爲了徹底擺脫歐洲的支配，將政治與宗教分開。以自然神論和宗教來處理下意識中的心理矛盾，政府機構則來負責指點意識部分。但事實上並不止於此。他們認識到印第安人的頑強戰鬥和反被征服的民族特性，希望將之移植於白人身上，以抵抗歐洲文化的侵略。他們意識到歷史上，羅馬爲了鞏固其統治，將政教合而爲一，從此西方即開始逐漸沒落。他們也意識到在羅馬之前，希臘與埃及王國統治下虔誠的猶太人，

脫離傀儡控制下的大廟而逃亡到死海岸邊，在山洞中實行苦修以至於死而不悔之精神。1945年發現了《諾斯替教經典》，1947年又發現了《死海經典》，這實是對西方意識形態研究的一大貢獻。西方學者認為那是上帝特別保留下來，傳之於世的禮物。

其實那些二元論和視耶和華為劣神的思想早已傳至歐洲了，只因為在教堂的控制下，無從表達而已。在究竟是好抑或是壞尚無定論。例如希特勒，愛因斯坦，牛頓，馬丁路德，莎士比亞，歌德，馬克思，布雷克，甚至耶穌等有創造力與超人頭腦的偉人，都多多少少懂得猶太教之二元論和諾斯替邪教的學說，而我們中國的文化也擁有那樣的二元論色彩，所以二元論主義早已潛入我們的無意識領域中了。但很多知識分子對這些知識是一頭霧水。然而西方人則視此種思想為眼中釘。例如帶有濃厚基督教色彩的太平天國，以國家民族主義的大原則團結國人而向洋人挑戰的義和團，與含有馬克思列寧主義的毛澤東思想，都是反西方帝國主義和與西方爭雄的思想。筆者常常與西方人談及那些思想。每次都是筆者一提到那些題目時，他們一聽到則無名之火一冒三丈，談不下去了。這些全是筆者的經驗。所以無意識中，他們總認為中國人必定要臣服於西方，乖乖地接受管轄，做他們的商品消費者，甚至做他們的炮灰。在此筆者要指出的是，鴉片戰爭、太平天國、甲午之戰、日俄之戰、蘆溝橋事變後的抗日戰爭、二次世界大戰、內戰、韓戰，以及使中國人元氣大傷的「文化大革命」等，全是世界上的一個「原始模型的傷口」（archetypal wound）。在中國流盡了千千萬萬人的鮮血，來為西方搞一清白。所以，「文革」的大悲劇不可能只限於中國境內，而是世界的「安弗塔斯的傷口」（Amfortas Wound）。不應該只想到目

之所及者。此外尚有無形的精神方面的傷害於無意識的污染，應該在意識的領域之內尋找答案。西方人歧視我們中國人並不僅限於髮膚的顏色，而是深入於世界「無意識形態」的發展 (the growth of ideology without consciousness) 所堆積起來的結果。這也是今天很多國內人士看不到的。

　　所以我們中國需要一個超驗的社會，俾使那些有創造力的人能充分發展個人的想像力，觀察入微以創造新的事物，而不致限於什麼都要求集體化的束縛。如若不然，我們也許就永遠沒有家鄉了，沒有了個人的能力，我們的文化也許只是成了一個歷史上的名詞了。筆者寫到這裡，同時想到很多西化了的海外華人，在心理上產生了很大的矛盾，也可以說心理上發生了病態。這並非他們要遠離家鄉，而是由於他們對西方文化沒有深入的了解，卻又無法避免西方文化的衝擊使然。國內也有不少人是處於這種狀態的，確實可悲。

　　再看看俄國人，他們處於不穩定的心理狀態之中，既非此又非彼的世界裡，他們抗拒帝國主義的侵襲與挑逗，雖然他們擁有足以毀滅全世界的武器，卻毫無安全感。另一方面，值得我們欽佩的是，他們的歷史上也曾出現過具有濃重個人主義色彩的巨人，如托爾斯泰 (Tolstoy)，普希金 (Pushkin)，貝爾加耶夫 (Berdyaev)，索洛維約夫 (Soloviev) 等，他們早已看出了自己國人的缺點了。在他們的作品中，可以找到俄國人靈魂危機的證明。顯然他們心理上認為基督好像是被釘在俄國境內西伯利亞山崗的十字架上，而使他們負有很大的宗教責任。而俄國人也有像中國人同樣的世界觀和希望：東西兩極合併論。自從羅馬皇帝君士坦丁接受了基督教之後，君士坦丁堡或稱拜占庭便成了羅馬

的教都。文化頹廢，外強中乾，爲了維持政體，他們採用了各種瑜珈，各種虐待狂方法，和各種的意識形態（包括諾斯替教的理論）作爲手段，所以東羅馬含有拜火教和二元論的特色。土爾其軍隊占領了君士坦丁堡之後，莫斯科則成了東正教的教都（所謂第三個羅馬），繼承了雙頭的鷹，象徵著權力和二元論主義。但羅馬教皇則堅持著他那不屈服的個人主義的精神。直到今天，自由世界和共產世界的爭執顯然也涵蘊著中世紀互相謾罵的色彩。這一切都總無法逃出這個偉大的煉金爐的宇宙。我們中國人只有高舉著我們的意識等待，終有一天……

　　在一個寒冷的雨雪紛紛的午後，遠遠聽到一俄國人鄰居家中播出了穆索爾斯基（Moussorgsky）的音樂，好像是歌劇「鮑里斯‧戈都諾夫」（Boris Godunov）選曲。當俄國沙皇戈都諾夫唱出「我已達到了最高的權力」時，那雄健的震撼人心的男低音，恰恰顯示出沙皇的野心和責任感帶給他的不安與痛苦，使我感到毛骨悚然。同時那老頭子痛苦的面孔與處境也像呈現在眼前一般。這可以說是俄國人心理的最好反映。自從普希金，柴可夫斯基以來，俄國就再也沒有產生出很純眞的藝術家和作家，和托爾斯泰，陀斯妥耶夫斯基的那類作品了。即使有，也只能是表達俄國人的民族性而已。至於在藝術方面，也僅僅是歐洲文化的變形。俄國人有強烈的君主情結，因之他們原有的創造力反而被剝奪了。當土爾其圍攻君士坦丁堡時，教皇爲了自己，而不派足夠的兵力援助東羅馬抵抗來犯的回教軍，以至城池失陷。那時的教皇怨恨教都人士，像浪子離家出走去創造 —— 其實是闖蕩。這雖然是歷史，但很像一個頗富感情的故事：浪子回頭了。東西結合了（ecumenical 一詞指全基督教會團結之期）。東西結合也

不知何時方可實現。有人說神聖俄邦之走向無神之邦和今天我們看到俄人的蘇維埃政府的體解也是對這段歷史的反應。今天東西兩大集團仍然沒有放棄各自備戰，甚至發展到星際戰爭的方面去了。他們不惜把人類毀滅，在努力著要打這一仗。這一仗不需槍，不需炮，僅僅按一個鈕就可把一個國家完全擺平。這恐懼無時不在威脅著我們，但是，終有一天……

(3)榮格心理學、馬克思的唯物論和黑格爾的唯心論

在人類有記錄的歷史中，最初是以貨易貨的方式進行交易。即使在本世紀初，美國農民也是拉著一車小麥，碾成麵粉後，再去雜貨店換些副食品和日用品。那時的意大利教會嚴禁高利貸，促使意大利人對金融發生興趣。因為人們既需要借錢，又不能違背教義去收利息，於是他們想出一個變通的辦法，採用「匯票」的形式去解決這個矛盾。後來這個辦法，不斷發展，不斷完善而成為「銀行」，有了銀行，就有了製造貨幣的機器，各式各樣的硬幣和紙幣相繼出籠了，這可以說是在人類的歷史上，最有影響的發明之一，意大利人為人類作出了貢獻。

凡事有一利就有一弊。有了錢，促進了市場的繁榮，有了錢，又成為一切禍害之源泉。中國的方塊字雖然輸入計算機不方便，卻有人拆字說，「錢」有兩戈，逼死多少英雄；「窮」只一穴，埋沒無數好漢。這樣看來，一個人的貧富財運，似乎不能單憑個人努力奮鬥而獲得，還得配合天時、地利、人和，這種說法，也正是榮格所說的「合時論」。

中世紀的貨幣，是貨物交換的媒體，就如機器離不開潤滑油一樣地必需。在經濟體系中，價值要用貨幣來衡量。用貨物和勞動力可以換取貨幣，反過來，又可以用貨幣去購買貨物和勞動

力，所以金錢和勞役緊密相關。

十五世紀以前，歐洲的文化經濟是農業經濟，就像今天的第三世界一樣的貧窮與落後，人和大自然渾然一體，相互依存。文藝復興帶來了古希臘的文化知識，也帶來了漢密脫的科學，邪教和煉金學的影響。在宗教方面滋生了極端的個人主義，私欲橫流，相互傾軋。頹廢的布爾喬亞享樂主義應運而生。歐洲工業的興起，分離了人和大自然的關係，破壞了環境生態學的平衡。由於歐洲教會的影響和北歐清教徒的辛勤勞動，創造了剩餘價值，刺激了資本主義的發展，資本變成了發動機器的原料。有了產品，就有了經商貿易。拿破崙曾指出：「英國乃小商店和小商人的天堂。」經濟的發達，掀起了環球的「從商熱」。

馬克思看到了金錢的作用和意義。金錢加速了資本主義的發展，資本主義造成了貧富不均的兩極分化。馬克思要把黑格爾的學說徹底批判，他說他的學說是把黑格爾的劣神弄垮。因為黑格爾哲學基本上是唯心論，是歐洲征服世界的武器倉庫。繼拿破崙之後的另一隻雄獅──俾斯麥帝國資本主義的興起，剝削了整個地球，使印度淪為歐帝的殖民地，中國變成了半封建半殖民地的國家。而歐洲本土，窮人日益增多。馬克思為了闡明這些變化的本質，寫出了他的經典巨著《資本論》。

馬克思的唯物論是人類意識歷史發展的最高峰，他看到的是經濟掛帥，尤其是科學和工業的發展，創造出的剩餘價值，應該屬於創造價值的勞動者所享有，卻為資本家和布爾喬亞等少數人所霸占，多數人的貧困換來少數人的財富，最大的受害者是工人。人的異化的結果，將會帶來自我毀滅。

美國歷史學家兼作家亨利‧亞當斯 (Henry Adams, 1838-

1918) 在 1907 年寫的《亨利・亞當斯的教育》和《遊歐古教堂記》兩書中指出，中世紀的象徵是聖母馬利亞，二十世紀的象徵是發電機，而那些發電機將會把人類吞噬掉。

馬克思一輩子憎惡金錢，但一生爲缺錢所困擾。若不是他的摯友恩格斯的慷慨解囊相助，也許會因斷炊，以至貧病凍餓而喪命。羅馬一位哲人說：「致富的最佳途徑，就是輕視財富。」但這也許只能被那些修行有素，大徹大悟的人們所接受，而一般庶民爲了謀生，或無窮無盡的貪欲，還得在金錢裡打滾。

俄國人率先應用馬克思的理論於實際，是俄國人列寧無愧於馬克思，他完善了馬克思的理論，進行了社會主義革命。這不僅僅是每個國家內的無產階級反對本國資產階級的鬥爭，而且要成爲一切被帝國主義所壓迫的殖民地國家，一切附庸國的反對國際帝國主義的鬥爭。這就是馬克思列寧主義的「世界革命」的理論根據，從而豐富了馬克思的學說。

馬克思不但在經濟學上有創見，在環境與生態平衡上也有卓見，在文學和宗教的研究方面也下了不少功夫，在哲學研究上取得了博士頭銜。他沒有低估潛意識方面的學術研究，他懂得古希臘普羅米修斯的神話故事。普羅米修斯爲人類從天上竊取了火種，給人類科技來抵抗天災，雖然造富了人類，卻受到天庭的責難，他被縛在高加索的山崖上，每天由鷲啄食他的肝臟。雖然普羅米修斯是人類的恩人，卻也逃脫不了神的懲罰。今天我們不只需要普羅米修斯，也需要伊比米修斯的回想。

馬克思認爲金錢是一股巨大的能量，工業的興起離間了人與大自然的關係，污染了環境，破壞了生態平衡，使人異化，因而使勞動者，大自然和資本形成了三足鼎立的關係。蘇聯雖然已經

解體，馬克思主義並沒有從地球上消失，無論如何，它畢竟是一卓越的學說。

深入研究金錢的心理學，可以看到榮格的貢獻。榮格與馬克思之不同，乃在於馬克思注重 extraversion，注重外傾、外向、外翻的事物，所謂辯證唯物論，因為馬克思已看到黑格爾把西方的意識搬給了布爾喬亞和資本家使用。那個時代無意識理論還未有確實的證明。榮格則繼弗洛伊德之後發現到外向與內向兩者的想像現象。榮格心理學注重 introversion（內向、內轉、內省、內傾的性格）。榮格看到煉金是反自然的勞動，煉金學實際上是一種精神訓練的技術，其本質在於個人心理上的改造。今天，西方工業可以說已經達成了煉金學家的欲望，核子物理學已能製造毀滅人類的武器了，但人們卻忘記了先賢的知識，忘記了煉金術乃是心理學，逐面臨著世界的危機。

榮格發現，煉金術心理學才是西方心理學的基礎，他把煉金術心理學提到科學的高度。因之在榮格與馬克思之間，存在著理論空間的距離，內向與外向的距離，經濟學與心理學的距離。實際和思考與想像應有能相容的場合。

馬克思寫《資本論》的時代與今天不同。那時科學仍處於牛頓和笛卡爾時代，愛因斯坦尚未出世，因而還沒有相對論。在那個資本主義殖民時代裡，貧苦大眾過多。馬氏擁著世紀初的彌賽亞情結，要為被壓迫者尋找解救者。然而，馬克思思想本來就是經濟學，他認為勞動者應當享受他們的勞動果實。今天的社會已與十九世紀大不相同了。現代人開發礦產和土地等等，地球的資源幾乎用盡，而不得不保護生態和環境。

彌賽亞是猶太人所期待的救主。科技的發展進步是始於原始

的科學，如煉金術乃化學和物理學之母也。正如彌賽亞和救主的觀念是來自猶太和基督教。我們懂得了這一點，心理的轉移就不大成問題了。

由於馬克思主義和榮格心理學皆出自西方傳統，所以我們不能不看一看他們與黑格爾的關係。黑格爾的唯心論是把全部西方基督教精神集中起來。黑格爾最早的著作是一部小書，敍述耶穌的一生。隨後他又研究巴西里德斯的諾斯替思想，將諾斯替的主觀凌駕於康德的理性之上。危險的是歐洲人把黑格爾的哲學視爲心理學，因此康德的形式主義變成了後來納粹的拘泥虛禮的道德觀，加上黑格爾的辯證論，引發了德國的悲劇。有些當代德國學者認爲黑格爾的哲學本來就是基督教的伸展，這不是健康的解釋。在這一點上，榮格對基督教的心理學研究，如彌撒儀式的象徵和三一的分析心理學等，是更具啓發性的。

馬克思把黑格爾的精神學物質化，也可說是女性化（陰性化）了，就是所謂辯證唯物論。馬克思看到黑格爾思想是一種異化論，無論如何，馬克思和黑格爾沒有忘記西方傳統中基督教教義極其對大自然的觀點。在這個背景下，我們就能懂得馬克思的彌賽亞主義不是沒有歷史性的。馬克思帶給西方現代人乾燥的靈魂很大的鼓舞。

(4)榮格的方法論與其「合時論」哲學觀的特徵

榮格的「合時論」（「同時性」理論）

synchronicity 這個詞譯爲漢語，已有幾種譯法，如：同時性，合時論，共時性，同步性等。

同時性既是一種方法論原則，也是一種哲學思想和科學思想。它表示兩個事件以一種不可思議的方式一起發生，兩個事件

就像是一個事件一樣。但由於二分式的思維方式，人們不可能認為二者是同一個事件。但在榮格看來，其實它們就是同一事件，惜乎人們「可悲的心靈」只有將它們視爲兩個事件的能力。

因果性原則是科學方法論的一個基本原則。人的對事物的把握，是人的意識對事物客觀的因果關係的認識，因此因果性原則也是認識論的一個基本原則。這個原則要求排除觀察者的主觀因素，只有如此才能看到事物的因果聯繫，因爲來自主體的干擾會損害結論的客觀性和科學性。

與因果性原則不同，同時性是一種非因果性原則。同時性原則不但不能排除主體，反而必須把主體包括進來加以考察。對於那些「荒誕」，「神祕」的無意識心理現象，因果性原則已無能爲力，榮格遂用同時性原則來加以把握。

這兩種原則適用於不同的對象。但因果性和同時性實際上是事件本身的特性，更確切地說，是觀察情境的特性。榮格認爲，被觀察客體和觀察主體組成了觀察情境。在排除觀察主體的情況下，事件會呈現出因果聯繫；在主體的無意識心理參與情況下，事件會呈現出同時聯繫。這時就出現了「同時性場」。

心理學研究不能排除觀察主體的作用，因此可以因主體作用的不同，而有不同的心理學。具有不同的心理特徵和心理傾向的人，也會傾向於不同的心理學。榮格主張以平等的態度來看待各種各樣的心理學。例如有弗洛伊德心態的人，可能傾向於精神分析學，有「權力情結」的人可能傾向於阿德勒心理學。榮格自己不願把觀念和理論強加給事物，他渴望知道世界的本來面目，有此心態的人也就可能傾向於榮格心理學。榮格樂於承認，他是以自己的方式對待心理事實，同時他希望別人也承認他們的觀點是

他們的主觀思想。 他說「我只贊同榮格式的表白」，甚至說他對主觀性的自認，正是他對心理學的貢獻。

榮格批評了弗洛伊德的因果決定論，建立了自己的同時性理論。這個理論引起科學界和哲學界的重視。世界各地的學者發表了不少文章和專著對此進行探討，並予以高度評價。科恩更認為它是榮格對科學理論的巨大貢獻。

(5)榮格思想的現代文化意義

阿拉伯數目字，不是很多個，從零到九。卻極大地豐富了人類的生活。不但充實豐富了人類的語言，而且衍生出許多有趣的故事和涵義深刻的寓言。 中國人的數目字， 不但可以用數字命名，還可以它為姓: 例如明朝的一善，唐朝的二從直，元朝的三日八，蜀漢後主期的五架，明正德的七希賢，正統年間的八通，唐武德年間的九嘉， 宋朝的十華等人， 他們都是有官職， 或者是有學問的人， 另外以數字定名的地方更是數不勝數。 現代生活中，又用零至九敲開了近代文明的電腦。一條纖細如毛髮的光纖，能容納相當於一兩百條電話纜線的信息，為未來的「電子超級高速公路」創造了條件。上述事實都充分說明了數字和人類生活已形成密不可分的關係。

在科技發達的今天，人們的精神世界反而覺得空虛，於是出現了「算命熱」。 甚至將無頭公案， 交給通靈偵探的德州達拉斯成了茶餘飯後的笑談。 這種不可思議的「絕活」， 它發生在號稱科學最先進的美國，是否太玄妙?

世間求神問卜， 無論是中國兩千年來， 居儒家經典之首的《易經》的占筮，或是西方的星象學，星座的四行和三性，無一不依靠人的生辰年月， 出生的時辰等數字， 推算既往， 預測未

來。西方的命理學（numerology）就是用數字算命的科學。由於中、西方的風俗習慣各異，對數字的偏愛與憎惡也有所不同。不過對「八」，中西方都認同其完整性，及其吉利的一面。

中國民間，避四就八，如陰曆初八、十八、二十八都是黃道吉日；初四、十四、二十四，則避而遠之。因「八」和「發」諧音；「四」和「事」相近，誰都嚮往著發財利市，而不願出事、肇事和失事。

「九」，是個神祕的數字，有神聖，嚴肅的寓意。《易經》上把數目字分為「奇數」和「偶數」。奇數代表「天」和陽性事務；偶數則是「地」和陰性事物的象徵。在奇數中，始於一，至於九，以九為最大。所以中國古時的帝王被稱為「九五」之尊。宮廷內的建築，都是以九或九的倍數建造。甚至宴席上，也要有山珍海味九十九品，娛樂也得湊足九的倍數，所謂「九九大慶會」要演九九‧八十一個節目。凡與九諧音的，均談視為吉祥物。

新柏拉圖主義的大師普魯太諾斯（Plotinus），研究過古埃及神祕主義。他的《九經》是一部很有意義的書。在一九四五年出土的納‧漢馬迪（Nag Hammadi）諾斯替宗教的圖書，都是第一、二、三世紀的遺物。該書第一卷的題目是：「The 8 Reveals The 9」意思是在第八級上才能看到第九級，它帶有梯形的亞里斯多德的色彩。中國有詩云：欲窮千里目，更上一層樓也。

就在那個時代，西方發現了古抄本（codex），從古埃及至希臘羅馬，沿續了三千多年，全是以卷軸（scrolls）作書。那是採用尼羅河兩岸的蘆葦（reeds），用鎚鎚打後，晾乾而後製

成紙草紙，即抄本，捲起而成卷軸。後來把抄本裝訂成册，才以書本的形式問世，逐漸衍化成現代的書本。從卷軸進化成爲抄本，是人類智慧的進步。象徵著人逐漸意識到「自我」。羅馬政治家、演說家及作家，西塞羅（Cicero）流傳於後世的一本日記，就是用抄本寫就的，其實在耶穌的時代，已經有了抄本。利用這些抄本給人類傳播了知識。那時代的基督教是一種內藏意識，帶有諾斯替（Gnosticism）思想。

在那遙遠的兩千年時期，中東和西方世界，已懂得了「己」的實習，「容忍和相互尊重」的實習。那時並不是受法律的約束，也不是受金錢物質和私欲的引誘，而是人類共同的生活和工作所需。這種原則在當時的西方，是一神祕的奧祕。

從埃及文化到亞里士多德，及至普魯太諾斯，以至於瑞士心理學家榮格和當代詩人、哲學家和其他之人一樣都是受這個傳統的影響。這個傳統所追求的是阿尼瑪（anima），也就是靈魂。按照基督教聖經上的解釋。人類之首亞當是由三個主要部分造成：體、魂和靈。體是人的外部，可以肉眼得見，魂是內部，是看不見的，而靈是最最深處，是和神交通的部分。魂包括思想、情感和意志。用思想去思索，用情感去愛人，用意志去選擇❶。

心理學上的阿尼瑪，和憎惡是同字根的字（anima 和 animosity），凡涉及阿尼瑪，就會引起憎惡。基督教最早期，由於選用那個福音，而引起教內爭吵與糾紛，最後不得不靠神的奇

---

❶ 基督教採用的象徵是來自古埃及文化。埃及古墓內，人頭代表阿尼瑪或阿尼姆斯，性別不分。狒狒代表感情，豺狗代表知覺，獵鷹代表自我。

蹟來解決。

　　五千年的埃及歷史，從遠古時代演變到基督教時代，已過去了兩千多年，將來隨著時光的推移，還會有變化。到了西元二○○○年，將要開始一個新時代（New Age）。每一個時代都會有新的認知、新的變化、新的原始模型、新的象徵，這是無庸置疑的。要注意的是形象、心象、意象，則不是新的，而是從紀元前沿襲下來的。人們應深入地去研究那些象徵，否則就會感到茫然和失望，影響到人的精神、靈魂、夢和現實生活。可惜由於人類的私心雜念，彼此不能信任，不能精誠合作，導致形形色色的動亂，就像愛情一樣，彼此必須坦誠相見，相濡以沫，榮辱與共，才能偕老。

　　榮格在生活與事業上，經歷了不少挫折之後的晚年，他看到了原始象徵。人類社會裡的種種弊端。發現人，尤其是現代人，對社會並沒有責任心。人類的智慧沒有用於正途，使他感到悲觀失望。

　　榮格往年的心理學研究，轉向古埃及的象徵和圖像學，他在他臨死前寫的一本書《人和他的象徵》，就是取材於古埃及，用圖片「走進埃及古墓」說明他的命題是：「走進無意識領域」，他指出基督教所用的象徵，很多是來自古埃及的墳墓。由於教條的壓抑，那些神話和象徵常常在現代人的夢中出現。榮格深信要尋找真理，必須進入埃及古墓才能獲得信息（福音）。這部作品有很大的說服力，並且具有權威性。這部著作不是用他的母語德文寫作，而是用英語完成。1961年當他寫這部書時，英語是世界語，正像是歷史上希臘語、古埃及語和拉丁語都曾經作爲世界語一樣。榮格看到六○年代的英美，已執世界牛耳，成爲權力的象

徵，所以他用英語以利於傳播。這部書是他八十六歲的最後一部
著作，是有預言及教誨的意義，教人怎樣闖入無意識領域，從未
知的世界中去尋找知識。以爲借鏡。從人類歷史的記憶中，找出
原料作爲火種，以點燃未來。他認爲西方文明意識與大眾文化意
識太低，而文明反而被無意識所支配，如 a.納粹黨青年對希特勒
的崇拜，他們的異教儀式反映出集體無意識行動的可怕。b.現代
人的精神分裂常在夢中表現出來，一方面是超級形狀的城市，另
一方面是原子彈毀滅了的廣島，這個象徵騷擾著現代人的甜夢。
c.暗影常在恐怖和暴力電影中表現出來。d.月亮代表現代人的阿
尼瑪靈魂給於心靈一些安慰。這個觀點引起西方某些有識之士的
反感。

　　榮格認爲在文明變遷的時期中，最好是沈默。沈默才能聽取
神祕的音樂。美國著名詩人威廉斯最後一首詩，「沙漠中的音樂」
也有類似涵義，感覺音調如八個音符 1234567I 要感到單音
的樂弦，那是要懂得精神神祕的靈魂音樂。

　　榮格說現代人努力建設科學工程的同時，創造出不少以自我
爲中心的人。他們缺少意識，努力工作也是枉然，他們的人格面
臨分裂。榮格顧慮在當代社會裡，人口的增加，工業的污染，生
態環境的破壞，核子武器的殺人恐怖，繁榮中蘊育著毀滅，生活
在文明之中，內心卻是渺茫，無所寄託，今日世界的發展和運
轉，造就了殘忍、野蠻和不人道。我們要警惕，不要被暗影所支
配。他要醫治現代人的心靈分裂症，認爲現代人必須進行靈魂的
自我拯救。榮格指出現代人追求的靈魂，阿尼瑪就是一個答案。
每逢世界進行變遷時，阿尼瑪就產生憎惡，因爲人的意識結構就
是如此，所以筆者也認同現代人要「soul making」，這是引

用英國浪漫詩人濟慈 (Keats) 的話, 原文是 The vale of soul making, 如果不這樣做, 我們就會走進現代的黑暗森林中, 迷失方向。

兩千年前, 當羅馬帝國興旺時, 產生了兩個暴君, 喀利古拉和尼祿。他們的虐待狂, 就是因爲缺少一個健康的阿尼瑪, 而導致精神分裂, 尼祿焚城自毀, animosity (憎惡) 乃一磁場, 產生出電流, 電擊了他們, 那是神聖的火花 (divine fire)。

大師和聖人要想帶給人類意識, 他們必須謙虛謹愼, 面對潮流, 要逆水而上。愛爾蘭詩人葉芝 (W. B. Yeats, 1865-1939) 在晚年的詩歌中, 歌頌人類應像埃及女神諾脫 (Nut) 用雙手托住天空, 他用這個象徵做爲他的書的封面, 指出今後女性阿尼瑪的責任非常重大。

葉芝和榮格都是善於深思熟慮的文人, 他們生活在歷史的斷層上。

榮格認爲意識的產生, 絕非輕而易舉, 而是歷盡艱辛, 才能臻於成熟。古老的神仙都已逝去, 新的神話, 寫之不易。那些大理石和木乃伊已不再是新鮮的話題。現代人是孤立的, 人要想再進化, 一定要有新的同甘共苦的精神, 新的創作才能出現。榮格和葉芝皆敬仰古老的象徵, 指出現代人的時代是在宇宙中形成的一個過程, 認爲旦丁是個偉大的詩人, 他的精神常常陪伴著我們, 指引著我們前進的方向。英國詩人艾略特 (1888-1965) 也有同樣的感觸, 榮格認爲詩人是領導潮流的先鋒。

榮格死前幾天也有與詩人同樣的夢幻, 並且穿著遠東人的禮服。可能因爲他們兩個人都有古老的生活情調。

西方二十世紀, 偉大的文化巨人, 爲保留他們的國有傳統,

爲其奮鬥終生。而今天，在中國現代化的前進道路上，卻有人認爲傳統和固有的文化是個障礙。反觀西方世界，他們的現代文明，發展到頂點時，仍然擺脫不了帝國和殖民帝國主義的結局。現在又加上高科技的發展，產生了人的道德危機，榮格預見到今後的發展，不能單以西方爲榜樣，他們的見解，可使我們借鑑。二十一世紀中國的文化建設，顯然地不能以西方爲楷模。我們應有中國的特色，古聖先賢說的「天下爲公，世界大同」仍然是至理名言。筆者殷切地盼望，通過中國文人的努力，創造出具有東、西方精華的文明文化，是爲至禱。

榮格年表

1875 7月26日生於瑞士康斯坦斯湖畔的凱斯維爾。以其祖父之
　　　名命名爲卡爾‧古斯塔夫‧榮格。祖父爲著名的醫生、學
　　　者和教育家。父親約翰‧阿希勒斯‧榮格，是一位牧師。
　　　母親是巴塞爾大教堂主教之女埃米莉‧普里斯維克。

1879 全家遷至巴塞爾附近的克萊恩‧許寧根。開始學習拉丁
　　　文。

1881 在本村上小學。

1884 妹妹誕生。

1886 到巴塞爾的一所寄宿學校上學。

1895 考入巴塞爾大學醫學系。

1896 父親去世。

1898 參加降神會，研究靈學和神祕現象。

1900 大學畢業。決定從事精神病的治療與研究，並離開巴塞
　　　爾，來到蘇黎世，在蘇黎世大學精神病院任歐根‧布洛伊
　　　勒教授的首席助理醫生。

1902 去巴黎半年。在法國精神病學家皮埃爾‧雅內指導下，研
　　　究理論精神病理學。在蘇黎世布勒霍爾茲利精神病院進行
　　　詞語聯想試驗。完成並出版博士論文《所謂神祕現象的心
　　　理病理學研究》。

1903 2月14日，與愛瑪‧洛森巴赫結婚，在蘇黎世湖畔的庫斯

那赫特安家。

1904 與布洛伊勒教授和老弗朗茨·利克林一起進行詞語聯想試驗。

1905 晉升爲高級醫生。任蘇黎世大學精神病學講師。

1906 出版《聯想研究》，並給精神分析學家西格蒙德·弗洛伊德寄去一本，對弗氏表示支持。

1907 出版《早發性痴呆心理學》。弗洛伊德邀請榮格來維也納。2月27日上午十時，榮格來到維也納弗氏家中，初次會見弗洛伊德。

1908 出席在維也納召開的第一屆國際精神分析會議。

1909 開始深入研究神話學。忙於私人開業，辭去布勒霍爾茲利精神病院職務。應美國麻省克拉克大學的邀請，赴美接受克拉克大學榮譽學位，8月21日與弗洛伊德同乘喬治·華盛頓號，經七天航程抵美。

1910 出席第二屆國際精神分析會議，並任該會主席。

1911 《變形的象徵》（第一部分）出版。

1912 《變形的象徵》（第二部分）出版。在《原欲的象徵》中批評把里比多局限於性欲。夏天赴美講學，國際精神分析學會年會未能舉行。在講學中公開了與弗洛伊德的分歧。

1913 10月正式辭去《年鑑》主編職務。11月與弗洛伊德在慕尼黑會談，但分歧已無法挽回。

1914 4月辭去國際精神分析學會主席職務。後退出國際精神分析學會。
第一次世界大戰爆發。

1915 繼續進行夢、幻覺和神話學的研究。

1917　《無意識心理學》（第一部分）出版。

1918　第一次世界大戰結束。

1920　航海至阿爾及利亞和突尼斯。

1921　《心理類型》出版。

1922　購置伯林根地產。

1923　母親去世。理查德·威廉到蘇黎世心理學會講學，並與榮格交談。

1924　訪問新墨西哥州印第安村。

1925　到肯尼亞旅行，登厄爾袞山，遊尼羅河。

1926　經埃及回國。

1927　曼荼羅研究取得進展。發表《心理結構》等論文。

1928　與理查德·威廉合作研究煉金術和曼荼羅象徵並取得豐碩成果。發表《自我與無意識的關係》，《心理能量》，《現代人的精神問題》等文。

1929　與理查德·威廉合著的《「金花的祕密」及評論》出版。

1930　任心理治療醫學協會副主席。發表《人生的階段》，《心理學與文學》。

1931　《分析心理學的基本原理》。

1932　獲蘇黎世市著作獎。發表《西格蒙德·弗洛伊德及其歷史性建樹》，《尤利西斯》，《畢加索》等。

1933　任心理治療醫學協會主席。第一屆埃拉諾斯會議，瑞士，阿斯科納。

1934　創建國際心理治療醫學學會並任主席。第二屆埃拉諾斯會議。提交《集體無意識的原型》，《情結理論》等論文。

1935　第三屆埃拉諾斯會議。《個體化進程的夢的象徵》。主持

第八屆心理治療醫學協會。《西藏「度亡經」的心理學評論》。在倫敦的塔維斯托克舉辦講座。該講座的內容編爲《分析心理學的理論與實踐》一書出版。

1936 接受美國哈佛大學榮譽博士學位。第四屆埃拉諾斯會議。《煉金術的宗教意義》，《集體無意識概念》，《關於原型，特別是阿尼瑪概念》等。

1937 第五屆埃拉諾斯會議。哥本哈根。《佐西莫斯的想像》。在美國舉辦研討和講座。《決定人類行爲的心理因素》。主持第九屆國際心理治療醫學會議。

1938 接受牛津大學榮譽博士學位，成爲皇家醫學學會會員。應邀訪問印度，參加加爾各答大學二十五週年校慶。第六屆埃拉諾斯會議。阿斯科納。《母親原型心理學》。主持第十屆國際心理治療醫學會議。牛津。《心理學與宗教》。

1939 第二次世界大戰爆發。第七屆埃拉諾斯會議。阿斯科納。《悼念理查德・威廉》。

1940 第八屆埃拉諾斯會議。阿斯科納。《對三位一體思想的心理學研究》，《兒童原型心理學》。

1941 第九屆埃拉諾斯會議。阿斯科納。《彌撒中變形的象徵》，《醫生帕拉塞爾斯》。

1942 第十屆埃拉諾斯會議。阿斯科納。

1943 成爲瑞士科學學會榮譽會員。第十一屆埃拉諾斯會議，榮格因病缺席。《東方冥思心理學》。

1944 巴塞爾大學開設榮格醫學心理學講座。翌年因病辭職。第十二屆埃拉諾斯會議。阿斯科納。榮格因病缺席。《心理學與煉金術》。

1945　七十壽辰，接受日內瓦大學榮譽博士學位。第十三屆埃拉諾斯會議。阿斯科納。

1946　第十四屆埃拉諾斯會議。

1947　退休。第十五屆埃拉諾斯會議。榮格缺席。

1948　第十六屆埃拉諾斯會議。

1949　第十七屆埃拉諾斯會議。榮格缺席。

1950　第十八屆埃拉諾斯會議。

1951　第十九屆埃拉諾斯會議。《論同時性》，《愛翁 —— 自我現象學》。（埃拉諾斯會議一直延續至今，但榮格自1951年以後未再出席。）

1952　《同時性：一種因果關係原則》。《回答約伯》。

1955　妻子愛瑪·洛森巴赫·榮格去世。八十壽辰，接受蘇黎世技藝高校聯盟榮譽博士學位。《曼荼羅》。《神祕結合》。

1957　《未知的自性》。

1958　開始撰寫自傳《回憶、夢幻與思考》。《飛碟：一種現代神話》。

1959　《分析心理學中的善與惡》。《伍爾夫「榮格心理學研究」導言》。

1960　《米凱爾·西蘭諾「示巴王后訪問記」序》。

1961　6月6日，在短暫患病後，於蘇黎世庫斯那赫特家中逝世。

（本年表的主要依據爲約瑟夫·坎貝爾《榮格》一書中的《年表》，特此說明。）

參 考 書 目

1. Edited by Aniela Jaffe, *C. G. Jung, Word and Image,* Bollingen Series, Princeton Univ. Press, 1979.

2. Edited by C. G. Jung, *Man and his Symbols,* Doubleday Comp, N.Y., 1964.

3. *C. G. Jung Letters, 1906-1950 and 1950-1961,* Bollingen Series, 1973.

4. Bachofen, *Myth, Religion and Mother Right,* Bollingen Series, Princeton Univ. Press, 1967.

5. C. G. Jung and C. Kerenyi, *Essays on Science of Mythology,* Bollingen Series, Princeton Univ. Press, 1969.

6. C. G. Jung and W. Pauli, *Interpretation of Nature and Psyche,* Bollingen Series, Pantheon Books, 1955.

7. Edited by William McGurie and R. F. C. Hull, *Jung Speaking,* Bollingen Series, Princeton Univ. Press, 1977.

8. Aldo Carotenuto, *A Secret Symmetry—Sabina Spielrein between Jung and Freud,* Pantheon

Books, N.Y., 1984.

9. Herbert Siberer, *Hidden Symbolism of Alchemy and the Occult Arts,* Dover Publication, N.Y., 1971.

10. Edited by Joseph Campbell, *Papers From the Eranos Yearbooks,* Bollingen Series, Many Volumes, Princeton Univ. Press, 1955.

11. Victor White, *God and the Unconscious,* Meridian Books, N.Y., 1961.

12. *The Collected Works of C. G. Jung,* Princeton, Princeton Univ. Press.

13. Andrew Samuels, *Jung and the Post-Jungians,* Routledge and Kegan Paul (RKP), Boston, 1985.

14. Ira Progoff, *Jung's Psychology and its Social Meaning,* Anchor Books, N.Y., 1973.

15. Elaine Pagels, *The Gnostic Gospels,* Vintage Books, N.Y., 1981.

16. Adolf Grunbaum, *The Foundation of Psycho Analysis,* Univ. of California Press, 1984.

17. Marie-Louise Von Franz, *Number and Time,* Northwestern, Evanston, 1974.

18. Robert H. Hopcke, *Jung, Jungians and Homosexuality,* Shambhala, Boston, 1989.

19. Edited by Molly Tuby, *In the Wake of Jung,* Coventure Ltd., London, 1983.

20. The Richard Wilhelm Translation rendered into English by Cary F. Baynes forword by C. G. Jung, *The I Ching or the Book of Changes*, Bollingen Series, Princeton Univ. Press, New Jersey, 1950.

21. Fredric Jameson, *The Political Unconscious*, Corwell, Cornell Univ. Press, 1981.

22. Gilles Deleuze and Felix Guattari, *Anti-Oedipus—Capitalism and Schizophrenia*, 1983 and *A Thousand Plateaus*, 1987, Univ. of Minnesota Press.

23. Jean Baudrillard, *The Ecstasy of Communication*, 1988 and *In the Shadow of the Silent Majorities*, 1983, Semiotext(e), Columbia Univ., N.Y.

24. Richard Wilhelm and C. G. Jung, *The Secret of the Golden Flower*, 1931, Reprint, A Harvest Book, N.Y, 1962.

25. C. G. Jung, *Memories, Dreams, Reflections* 1961, Vintage Books, Random House, N. Y.
（榮格，《回憶、夢幻與思考》，三聯書店 1994.

26. Edited, with an Introduction, by Joseph Campbell, translated by R. F. C. Hull, *The Portable Jung*, Penguin Books, 1984.

27. 芭芭拉·漢娜，《榮格的生活與工作》，已譯了中文。

28. Linda Donn, *Freud and Jung*, Collier Books, N.Y., 1988.

琳達・鄧恩，《弗洛伊德與榮格》。

29. Erich Neumann, *Creative Man, Five Essays,* Princeton Univ. Press, 1982.

30. Edited by Richard Cavendish, *Encyclopedia of the Unexplained,* Arkana, Penguin Group, London, 1974. 卡文迪什編，《百科全書補遺、巫術、神祕主義與靈學》。

31. Edmund D. Cohen, *C. G. Jung and the Scientific Attitude,* Littlefield and Adaw, New Jersey, 1976.

32. 〔瑞士〕榮格，《現代靈魂的自我拯救》，黃奇銘譯，北京工人出版社，1987。

33. 〔瑞士〕榮格，《心理學與文學》，馮川、蘇克譯，三聯書店，1987。

34. 〔瑞士〕榮格，《人、藝術和文學中的精神》，盧曉晨譯，晏玄校，北京工人出版社，1988。

35. 〔瑞士〕榮格，《分析心理學的理論與實踐》，成窮、王作虹譯，三聯書店，1991。

36. 〔瑞士〕F. 弗爾達姆，《榮格心理學導論》，劉韵涵譯，遼寧人民出版社，1988。

37. 趙璧如主編，《現代心理學的方法論和歷史發展中的一些問題》，中國社會科學出版社，1983。

38. 高宣揚編著，《弗洛伊德傳》，作家出版社，1986。
（高宣揚編譯，《弗洛伊德》，香港南粵出版社，1980）

39. 〔美〕埃利希・弗洛姆，《弗洛伊德的使命》，尚新建譯，王煒校，三聯書店，1986。

40. 〔蘇〕B. M. 雷賓，《精神分析和新弗洛伊德主義》，李今

山、吳健飛譯，常富英校，社會科學文獻出版社，1988。

41.〔美〕約翰·拉斐爾·施陶德，《心理危機及成人心理學》，于鑒夫、周麗娜譯，華夏出版社，1989。

42.〔美〕劉耀中，《榮格、弗洛伊德與藝術》，寶文堂書店，1989。

43.〔美〕劉耀中，《新時代的視野 —— 一位美籍華人談西方文化》，中國文聯出版公司，1993。

44.〔美〕劉耀中，《詩人與哲人》，東方出版社，1994。

45. 劉恩久等編著，《心理學簡史》，甘肅人民出版社，1986。

46. 高覺敷編，《心理學史》，中國百科全書出版社，1985。

47. 童慶炳主編，《現代心理美學》，中國社會科學出版社，1993。

48. 任繼愈主編，《中國道教史》。

49. 王炳華，《吐魯番的古代文明》，新疆人民出版社，1989。

50. Edward Glover, *Freud or Jung*?, Meridian Books, N.Y., 1956.

51. Martin Buber, *The Eclipse of God*, Harper and Row, N.Y., 1952.

52. Anthony Storr, *C. G. Jung*, The Viking Press, N.Y., 1973.

53. Arthur Koestler, *The Roots of Coincidence*, 1972.

54. F. Capra, *The Tao of Physics*, 1975.

55. Paul J. Stern, *C. G. Jung—The Haunted Prophet*, George Braziller, N.Y., 1976.

56. Vincent Brome, *Jung*, Atheneum, 1978.

57. Murray Stein, *Jung's Treatment of Christianty — The Psychotherapy of a Religious Tradition,* Chiron Publisher, Wilmette, Illinois, U.S.A., 1985.

58. James Hillman, *Re-Visioning Psychology,* Harper and Row Publishers, 1975.

59. John Kerr, *A Most Dangerous Method, The Story of Jung, Freud and Sabina Spielrein,* Alfred A. Knopf, 1993.

60. Barbara Hannah, *Jung — His Life and Work,* Putnam's Sons, N.Y., 1976.

61. James M. Robinson, *The Nag Hammadi Library in English,* Harper & Row, 1977.

62. 馬洪林，《康有爲大傳》，清史研究叢書，遼寧人民出版社，瀋陽，1988。

63. Eric Voegelin, *The New Science of Politics,* The Univ. of Chicago Press, Chicago, 1952.

64. Hans Jonas, *The Gnostic Religion,* Beacon Press, Boston, 1958.

65. Kurt Rudolph, *Gnosis,* Harper, San Francisco, 1987.

66. S. A. Hoeller, *The Gnostic Jung,* A Quest Book, 1982.

67. Hans-Joachim Klimkeit, *Gnosis on the Silk Road,* Harper, S.F., 1993.

68. J. E. Cirlot, *A Dictionary of Symbols,* Routledge and Kagan Paul, London, 1962.

69. Ann Conrad Lammers, *In God's Shadow — The Collaboration of Victor White and C. G. Jung,* Paulist Press, N. Y., 1994.

70. E. Loftus 和 K. Ketcham, *The Myth of Repressed Memory — False Memories and Allegations of Sexual Abuse,* St. Martin Press, N. Y. 1995.

71. 莫阿卡寧，《心理分析曼荼羅》，江亦師，羅照輝譯，商務印書館（香港）有限公司，1991。

72. Mircea Eliade, *Shamanism, Archaic Techniques of Ecstasy,* Pantheon Books, N. Y. 1964.

索　引

Q

R

S

T

世界哲學家叢書 (十)

書　　　　　　名	作　　者	出　版　狀　況
朋　諤　斐　爾	卓　新　平	撰　稿　中

世界哲學家叢書 (九)

書　　　　名	作　　者	出 版 狀 況
赫　　　　爾	馮 耀 明	撰　稿　中
帕 爾 費 特	戴　　華	撰　稿　中
梭　　　　羅	張 祥 龍	撰　稿　中
愛 默 生	陳　　波	撰　稿　中
魯 一 士	黃 秀 璣	已　出　版
珀 爾 斯	朱 建 民	撰　稿　中
詹 姆 斯	朱 建 民	撰　稿　中
杜　　　　威	葉 新 雲	撰　稿　中
蒯　　　　因	陳　　波	已　出　版
帕 特 南	張 尚 水	撰　稿　中
庫　　　　恩	吳 以 義	排　印　中
費 耶 若 本	苑 舉 正	撰　稿　中
拉 卡 托 斯	胡 新 和	撰　稿　中
洛 爾 斯	石 元 康	已　出　版
諾 錫 克	石 元 康	撰　稿　中
海 耶 克	陳 奎 德	撰　稿　中
羅　　　　蒂	范　　進	撰　稿　中
喬 姆 斯 基	韓 林 合	排　印　中
馬 克 弗 森	許 國 賢	已　出　版
希　　　　克	劉 若 韶	撰　稿　中
尼 布 爾	卓 新 平	已　出　版
默　　　　燈	李 紹 崑	撰　稿　中
馬 丁・布 伯	張 賢 勇	撰　稿　中
蒂 里 希	何 光 滬	撰　稿　中
德 日 進	陳 澤 民	撰　稿　中

世界哲學家叢書(八)

書　　名	作　者	出版狀況
梅露·彭廸	岑溢成	撰稿中
阿爾都塞	徐崇溫	撰稿中
葛蘭西	李超杰	撰稿中
列維納	葉秀山	撰稿中
德希達	張正平	撰稿中
呂格爾	沈清松	撰稿中
富科	于奇智	撰稿中
克羅齊	劉綱紀	撰稿中
布拉德雷	張家龍	撰稿中
懷特海	陳奎德	已出版
愛因斯坦	李醒民	撰稿中
玻爾	戈革	已出版
卡納普	林正弘	撰稿中
卡爾·巴柏	莊文瑞	撰稿中
坎培爾	冀建中	撰稿中
羅素	陳奇偉	撰稿中
穆爾	楊樹同	撰稿中
弗雷格	王路	排印中
石里克	韓林合	已出版
維根斯坦	范光棣	已出版
愛耶爾	張家龍	已出版
賴爾	劉建榮	撰稿中
奧斯丁	劉福增	已出版
史陶生	謝仲明	撰稿中
馮·賴特	陳波	撰稿中

世界哲學家叢書(七)

書　　　　名	作　　者	出　版　狀　況
約　翰　彌　爾	張　明　貴	已　出　版
狄　　爾　　泰	張　旺　山	已　出　版
弗　洛　伊　德	陳　小　文	已　出　版
阿　　德　　勒	韓　水　法	撰　稿　中
史　賓　格　勒	商　戈　令	已　出　版
布　倫　坦　諾	李　　　河	撰　稿　中
韋　　　　伯	陳　忠　信	撰　稿　中
卡　　西　　勒	江　日　新	撰　稿　中
沙　　　　特	杜　小　真	撰　稿　中
雅　斯　培	黃　　藿	已　出　版
胡　塞　爾	蔡　美　麗	已　出　版
馬　克　斯・謝　勒	江　日　新	已　出　版
海　德　格	項　退　結	已　出　版
漢　娜　鄂　蘭	蔡　英　文	撰　稿　中
盧　卡　契	謝　勝　義	撰　稿　中
阿　多　爾　諾	章　國　鋒	撰　稿　中
馬　爾　庫　斯	鄭　　湧	撰　稿　中
弗　洛　姆	姚　介　厚	撰　稿　中
哈　伯　馬　斯	李　英　明	已　出　版
榮　　　　格	劉　耀　中	已　出　版
柏　格　森	尚　建　新	撰　稿　中
皮　亞　傑	杜　麗　燕	已　出　版
別　爾　嘉　耶　夫	雷　永　生	撰　稿　中
索　洛　維　約　夫	徐　鳳　林	已　出　版
馬　賽　爾	陸　達　誠	已　出　版

世界哲學家叢書(六)

書　　　　　名	作　　　者	出　版　狀　況
巴　　克　　萊	蔡　信　安	已　　出　　版
休　　　　　謨	李　瑞　全	已　　出　　版
托　馬　斯・銳　德	倪　培　林	撰　　稿　　中
梅　　里　　葉	李　鳳　鳴	撰　　稿　　中
狄　　德　　羅	李　鳳　鳴	撰　　稿　　中
伏　　爾　　泰	李　鳳　鳴	已　　出　　版
孟　德　斯　鳩	侯　鴻　勳	已　　出　　版
盧　　　　　梭	江　金　太	撰　　稿　　中
帕　　斯　　卡	吳　國　盛	撰　　稿　　中
達　　爾　　文	王　道　遠	撰　　稿　　中
施　萊　爾　馬　赫	鄧　安　慶	撰　　稿　　中
康　　　　　德	關　子　尹	撰　　稿　　中
費　　希　　特	洪　漢　鼎	排　　印　　中
謝　　　　　林	鄧　安　慶	已　　出　　版
黑　　格　　爾	徐　文　瑞	撰　　稿　　中
叔　　本　　華	鄧　安　慶	撰　　稿　　中
祁　　克　　果	陳　俊　輝	已　　出　　版
尼　　　　　采	商　戈　令	撰　　稿　　中
彭　　加　　勒	李　醒　民	已　　出　　版
馬　　　　　赫	李　醒　民	已　　出　　版
迪　　　　　昂	李　醒　民	撰　　稿　　中
費　　爾　　巴　哈	周　文　彬	撰　　稿　　中
恩　　格　　斯	李　步　樓	撰　　稿　　中
馬　　克　　斯	洪　鎌　德	撰　　稿　　中
普　列　哈　諾　夫	武　雅　琴	撰　　稿　　中

世界哲學家叢書 (五)

書　　　　　名	作　　者	出　版　狀　況
吉　田　松　陰	山口宗之	已　　出　　版
福　澤　諭　吉	卞　崇　道	撰　　稿　　中
岡　倉　天　心	魏　常　海	撰　　稿　　中
中　江　兆　民	畢　小　輝	撰　　稿　　中
西　田　幾　多　郎	廖　仁　義	撰　　稿　　中
和　辻　哲　郎	王　中　田	撰　　稿　　中
三　　木　　清	卞　崇　道	撰　　稿　　中
柳　田　謙　十　郎	趙　乃　章	撰　　稿　　中
柏　　拉　　圖	傅　佩　榮	撰　　稿　　中
亞　里　斯　多　德	曾　仰　如	已　　出　　版
伊　壁　鳩　魯	楊　　適	撰　　稿　　中
愛　比　克　泰　德	楊　　適	撰　　稿　　中
柏　　羅　　丁	趙　敦　華	撰　　稿　　中
聖　奧　古　斯　丁	黃　維　潤	撰　　稿　　中
安　　瑟　　倫	趙　敦　華	撰　　稿　　中
安　　薩　　里	華　　濤	撰　　稿　　中
伊本・赫勒敦	馬　小　鶴	已　　出　　版
聖　多　瑪　斯	黃　美　貞	撰　　稿　　中
笛　　卡　　兒	孫　振　青	已　　出　　版
蒙　　　　田	郭　宏　安	撰　　稿　　中
斯　賓　諾　莎	洪　漢　鼎	已　　出　　版
萊　布　尼　茨	陳　修　齋	已　　出　　版
培　　　　根	余　麗嫦	撰　　稿　　中
托馬斯・霍布斯	余　麗嫦	已　　出　　版
洛　　　　克	謝　啓　武	撰　　稿　　中

世界哲學家叢書(四)

書　　　名	作　者	出版狀況
商羯羅	黃心川	撰稿中
維韋卡南達	馬小鶴	撰稿中
泰戈爾	宮　靜	已出版
奧羅賓多·高士	朱明忠	已出版
甘地	馬小鶴	已出版
尼赫魯	朱明忠	撰稿中
拉達克里希南	宮　靜	撰稿中
元曉	李箕永	撰稿中
休靜	金煐泰	撰稿中
知訥	韓基斗	撰稿中
李栗谷	宋錫球	已出版
李退溪	尹絲淳	撰稿中
空海	魏常海	撰稿中
道元	傅偉勳	排印中
伊藤仁齋	田原剛	撰稿中
山鹿素行	劉梅琴	已出版
山崎闇齋	岡田武彥	已出版
三宅尚齋	海老田輝巳	已出版
中江藤樹	木村光德	撰稿中
貝原益軒	岡田武彥	已出版
荻生徂徠	劉梅琴	撰稿中
安藤昌益	王守華	撰稿中
富永仲基	陶德民	撰稿中
石田梅岩	李甦平	撰稿中
楠本端山	岡田武彥	已出版

世界哲學家叢書(三)

書　　　名	作　者	出版狀況
澄觀	方立天	撰稿中
宗密	冉雲華	已出版
永明延壽	冉雲華	撰稿中
湛然	賴永海	已出版
知禮	釋慧嶽	排印中
大慧宗杲	林義正	撰稿中
袾宏	于君方	撰稿中
憨山德清	江燦騰	撰稿中
智旭	熊琬	撰稿中
康有為	汪榮祖	撰稿中
譚嗣同	包遵信	撰稿中
章太炎	姜義華	已出版
熊十力	景海峰	已出版
梁漱溟	王宗昱	已出版
胡適	耿雲志	撰稿中
金岳霖	胡軍	已出版
張東蓀	胡偉希	撰稿中
馮友蘭	殷鼎	已出版
唐君毅	劉國強	撰稿中
宗白華	葉朗	撰稿中
湯用彤	孫尚揚	排印中
賀麟	張學智	已出版
龍樹	萬金川	撰稿中
無著	林鎮國	撰稿中
世親	釋依昱	撰稿中

世界哲學家叢書(四)

書　　　　　名	作　　者	出　版　狀　況
商　　羯　　羅	黃　心　川	撰　稿　中
維　韋　卡　南　達	馬　小　鶴	撰　稿　中
泰　　戈　　爾	宮　　靜	已　出　版
奧羅賓多・高士	朱　明　忠	已　出　版
甘　　　　地	馬　小　鶴	已　出　版
尼　　赫　　魯	朱　明　忠	撰　稿　中
拉達克里希南	宮　　靜	撰　稿　中
元　　　　曉	李　箕　永	撰　稿　中
休　　　　靜	金　煐　泰	撰　稿　中
知　　　　訥	韓　基　斗	撰　稿　中
李　　栗　　谷	宋　錫　球	已　出　版
李　　退　　溪	尹　絲　淳	撰　稿　中
空　　　　海	魏　常　海	撰　稿　中
道　　　　元	傅　偉　勳	排　印　中
伊　藤　仁　齋	田　原　剛	撰　稿　中
山　鹿　素　行	劉　梅　琴	已　出　版
山　崎　闇　齋	岡　田　武　彥	已　出　版
三　宅　尚　齋	海老田輝巳	已　出　版
中　江　藤　樹	木　村　光　德	撰　稿　中
貝　原　益　軒	岡　田　武　彥	已　出　版
荻　生　徂　徠	劉　梅　琴	撰　稿　中
安　藤　昌　益	王　守　華	撰　稿　中
富　永　仲　基	陶　德　民	撰　稿　中
石　田　梅　岩	李　甦　平	撰　稿　中
楠　本　端　山	岡　田　武　彥	已　出　版

世界哲學家叢書(三)

書　　　　　名	作　　　者	出　版　狀　況
澄　　　　　觀	方　立　天	撰　稿　中
宗　　　　　密	冉　雲　華	已　出　版
永　明　延　壽	冉　雲　華	撰　稿　中
湛　　　　　然	賴　永　海	已　出　版
知　　　　　禮	釋　慧　嶽	排　印　中
大　慧　宗　杲	林　義　正	撰　稿　中
袾　　　　　宏	于　君　方	撰　稿　中
憨　山　德　清	江　燦　騰	撰　稿　中
智　　　　　旭	熊　　　琬	撰　稿　中
康　　有　　為	汪　榮　祖	撰　稿　中
譚　　嗣　　同	包　遵　信	撰　稿　中
章　　太　　炎	姜　義　華	已　出　版
熊　　十　　力	景　海　峰	已　出　版
梁　　漱　　溟	王　宗　昱	已　出　版
胡　　　　　適	耿　雲　志	撰　稿　中
金　　岳　　霖	胡　　　軍	已　出　版
張　　東　　蓀	胡　偉　希	撰　稿　中
馮　　友　　蘭	殷　　　鼎	已　出　版
唐　　君　　毅	劉　國　強	撰　稿　中
宗　　白　　華	葉　　　朗	撰　稿　中
湯　　用　　彤	孫　尚　揚	排　印　中
賀　　　　　麟	張　學　智	已　出　版
龍　　　　　樹	萬　金　川	撰　稿　中
無　　　　　著	林　鎮　國	撰　稿　中
世　　　　　親	釋　依　昱	撰　稿　中

世界哲學家叢書 (二)

書　　　名	作　　者	出　版　狀　況
胡　　　宏	王　立　新	排　印　中
朱　　　熹	陳　榮　捷	已　出　版
陸　象　山	曾　春　海	已　出　版
陳　白　沙	姜　允　明	撰　稿　中
王　廷　相	葛　榮　晉	已　出　版
王　陽　明	秦　家　懿	已　出　版
李　卓　吾	劉　季　倫	撰　稿　中
方　以　智	劉　君　燦	已　出　版
朱　舜　水	李　甦　平	已　出　版
王　船　山	張　立　文	撰　稿　中
眞　德　秀	朱　榮　貴	撰　稿　中
劉　蕺　山	張　永　儁	撰　稿　中
黃　宗　羲	吳　　　光	撰　稿　中
顧　炎　武	葛　榮　晉	撰　稿　中
顏　　　元	楊　慧　傑	撰　稿　中
戴　　　震	張　立　文	已　出　版
竺　道　生	陳　沛　然	已　出　版
眞　　　諦	孫　富　支	撰　稿　中
慧　　　遠	區　結　成	已　出　版
僧　　　肇	李　潤　生	已　出　版
智　　　顗	霍　韜　晦	撰　稿　中
吉　　　藏	楊　惠　南	已　出　版
玄　　　奘	馬　少　雄	撰　稿　中
法　　　藏	方　立　天	已　出　版
惠　　　能	楊　惠　南	已　出　版

世界哲學家叢書(一)

書　　　　　名	作　　者	出　版　狀　況
孔　　　　　子	韋　政　通	撰　稿　中
孟　　　　　子	黃　俊　傑	已　出　版
荀　　　　　子	趙　士　林	撰　稿　中
老　　　　　子	劉　笑　敢	撰　稿　中
莊　　　　　子	吳　光　明	已　出　版
墨　　　　　子	王　讚　源	撰　稿　中
公　孫　龍　子	馮　耀　明	撰　稿　中
韓　　非　　子	李　甦　平	撰　稿　中
淮　　南　　子	李　　　增	已　出　版
賈　　　　　誼	沈　秋　雄	撰　稿　中
董　　仲　　舒	韋　政　通	已　出　版
揚　　　　　雄	陳　福　濱	已　出　版
王　　　　　充	林　麗　雪	已　出　版
王　　　　　弼	林　麗　真	已　出　版
郭　　　　　象	湯　一　介	撰　稿　中
阮　　　　　籍	辛　　　旗	排　印　中
嵇　　　　　康	莊　萬　壽	撰　稿　中
劉　　　　　勰	劉　綱　紀	已　出　版
周　　敦　　頤	陳　郁　夫	已　出　版
邵　　　　　雍	趙　玲　玲	撰　稿　中
張　　　　　載	黃　秀　璣	已　出　版
李　　　　　覯	謝　善　元	已　出　版
楊　　　　　簡	鄭　曉　江	撰　稿　中
王　　安　　石	王　明　蓀	已　出　版
程　顥、程　頤	李　日　章	已　出　版